Pépites
Français

CE2
CYCLE 2

Ce cahier applique les règles de la **nouvelle orthographe**, comme le recommandent les programmes.
Toutefois, les textes reproduits le sont dans leur orthographe d'origine. Les deux graphies sont admises.

CAHIER D'ACTIVITÉS

Catherine Savadoux-Wojciechowski
Inspectrice de l'Éducation nationale

Claire Bey-Chenu
Conseillère pédagogique

Christine Boidron-Jamet
Conseillère pédagogique
Enseignante spécialisée

Magali Caylat
Conseillère pédagogique

MAGNARD

www.pepites.magnard.fr

Sommaire

Lecture-écriture

Étude de la langue

Le donjon des océans

LA MER EST PARTOUT. Elle m'encercle. Impossible de lui échapper. Et je ne suis même pas sur un bateau…

« Tinaël, cesse donc d'admirer les vagues ! Tu vas finir par t'y engloutir. Viens plutôt manger ! »

5 À regret, je décolle mes mains de la rambarde en fonte pour rentrer à l'abri du vent. Sitôt la porte fermée, le sifflement s'estompe[1]. Je ressens un grand vide dans mes oreilles. Mes jambes n'ont pourtant effectué que quelques pas…

Mon père m'observe avec amusement. Je devine à son sourire creusé de rides profondes qu'il se moque de moi. Il donne un coup de coude à Loïc, son second[2],

10 qui s'esclaffe[3] :

« J'espère que tu n'as pas le mal de mer, au moins ! »

Je ne réponds pas, un peu vexé. Comment ressentir le mal de mer sur un donjon des océans ?

C'est la première fois que mon père m'emmène à Roches-Louves. Le phare est

15 planté sur ce minuscule îlot rocheux où même les mauvaises herbes ne poussent pas ; on y accède en bateau, quand le temps le permet. **Nous** sommes là pour un mois, coupés du monde, de ma mère et de mes sœurs qui sont restées à terre. Elles me manquent déjà mais je n'en parle pas. Je suis tellement fier !

Dans trois jours, le 17 septembre 1823, j'aurai dix ans. Pour mon âge, je suis grand

20 et costaud. Presque un homme ! m'a complimenté Loïc sur le voilier qui nous a conduits jusqu'au phare, mais je me demande s'il était vraiment sincère. Je m'en fiche. J'ai participé aux manœuvres comme un vrai mousse[4] !

1. S'arrête progressivement. – 2. Personne qui aide, assiste quelqu'un dans une tâche.
3. Qui éclate de rire bruyamment. – 4. Jeune garçon qui fait l'apprentissage du métier de marin.

Éric Sanvoisin, *Capitaine Cruel*, © Magnard, 2005.

❶ Dans le texte, entoure en rouge tous les mots qui désignent Tinaël, en vert tous ceux qui désignent son père et en noir tous ceux qui désignent Loïc.

❷ Qui est désigné par le pronom « nous », ligne 16 ?

....

3 Dans ce texte, le narrateur est-il un personnage de l'histoire ? Explique comment tu le sais.

....

....

4 Entoure l'illustration qui représente le lieu où l'histoire se déroule.

5 Explique pourquoi ce lieu est appelé le « donjon des océans ».

....

....

6 Souligne dans le texte toutes les expressions qui montrent que Roches-Louves est un lieu très isolé.

7 « Je ne réponds pas, un peu vexé. », ligne 12. Qui a vexé Tinaël ?

....

....

Explique pourquoi il est vexé.

....

....

8 « Je me demande s'il était vraiment sincère », ligne 21. Que signifie cette phrase ? Coche la bonne réponse.

❏ Loïc dit vraiment ce qu'il pense quand il dit que Tinaël est presque un homme.

❏ Loïc ment : il ne pense pas du tout que Tinaël est presque un homme.

9 « Je suis tellement fier ! », ligne 18. De quoi Tinaël est-il fier ? À ton avis, a-t-il raison d'être fier ?

....

....

ÉCRITURE

▶ Écrire la fin d'une histoire

C'est la première fois que mon père m'emmène à Roches-Louves. Le phare est planté sur ce minuscule îlot rocheux où même les mauvaises herbes ne poussent pas ; on y accède en bateau, quand le temps le permet. Nous sommes là pour un mois, coupés du monde, de ma mère et de mes sœurs qui sont restées à terre.

❯ **Raconte ce que Tinaël va faire dans le phare.**

Je prépare ce que je vais écrire

1 **Parmi les éléments suivants, choisis ce que Tinaël va voir quand il entrera dans le phare. Entoure-les.**

un escalier en bois

une vaste pièce

un escalier en pierre en colimaçon

des petites pièces

des couchettes

une petite cuisine

2 **Voici une liste des actions que Tinaël peut faire dans le phare. Choisis celles que tu vas développer dans ton récit. Souligne-les.**

a. surveiller l'horizon

e. nettoyer les vitres du phare

b. allumer le feu

f. faire retentir la corne de brume

c. éteindre le feu

g. repérer un bateau en danger

d. entretenir le feu

h. avertir les adultes d'un danger

3 **De quoi Tinaël peut-il avoir peur ? Parmi les propositions suivantes, coche celle(s) que tu choisis.**

❏ de la nuit   ❏ du vent   ❏ de la solitude

❏ du froid   ❏ de la tempête

4 **Entoure les adjectifs qui peuvent exprimer ce que Tinaël ressent.**

heureux – satisfait – fier – triste – inquiet – contrarié – surpris – soulagé

Maintenant, j'écris

> Raconte ce que Tinaël va faire dans le phare en t'aidant des réponses aux questions.

N'oublie pas !

• Emploie le présent.
• Écris les majuscules au début des phrases ainsi qu'aux noms propres.
• Utilise des mots de liaison pour organiser les actions de Tinaël.

1 Rédige deux phrases pour décrire ce que Tinaël découvre quand il entre dans le phare.

....

....

....

2 Rédige un paragraphe dans lequel tu racontes les tâches que l'on confie à Tinaël dans le phare.

....

....

....

....

....

3 Rédige trois phrases dans lesquelles tu expliques de quoi Tinaël a peur dans le phare.

....

....

....

4 Raconte en deux phrases quelle solution il trouve pour ne plus avoir peur.

....

....

5 Termine ton texte en rédigeant deux phrases qui indiquent ce que ressent Tinaël.

....

....

Une voiture de rêve

Suzanne attend Théo à la sortie de l'école quand elle découvre une voiture étonnante.

Après cinq minutes d'attente, c'est avec ses deux yeux qu'elle admira la superbe voiture décapotable garée là, en face, juste devant le garage. Ce n'était pas une décapotable ordinaire, comme celles d'aujourd'hui. Non : c'était une décapotable d'avant… de l'époque du cinéma en noir et blanc. C'était une décapotable
5 américaine, peut-être en fer, avec du rose aux ongles, du bleu aux yeux et du rouge aux lèvres. Une star, rien de moins.

« Tu en fais, une tête, tu as vu le président de la République, ou la petite marchande d'allumettes[1] ?

– Mieux, regarde toi-même. »

10 Il jeta un coup d'œil et, comme chaque fois qu'il était épaté[2], il siffla avant de parler.

« Si elle était en or, elle ne serait pas plus belle », dit-il.

Sans se concerter[3], ils se prirent la main et traversèrent la grande rue. Ils s'approchèrent de la voiture, toute luisante et blanche et rouge. Le blanc, c'était
15 pour la carrosserie, le rouge, pour le cuir des sièges.

« T'as vu ça, Suzanne ? On dirait une gueule de crocodile ouverte sur le ciel. » Théo désignait le coffre de la voiture. Il avait raison. Le coffre, ouvert de haut en bas, ressemblait à une gueule, mais une gueule confortable, puisqu'elle aussi était habillée de cuir rouge. C'était un coffre pour deux personnes, si besoin. Deux
20 personnes ordinaires, pas des patapoufs du genre Hardy, mais plutôt des maigres, genre Laurel[4].

« On l'essaie ?

– On ne sait pas conduire !

– Pas pour conduire, juste pour s'asseoir, pour voir quel effet ça fait d'être comme
25 un roi et une reine qui partiraient de l'autre côté de la Terre, en vacances de Noël.

– D'accord mais on essaie le coffre d'abord, puisqu'il est ouvert. »

---

1. La petite marchande d'allumettes est le personnage d'un conte d'Andersen intitulé *La Petite Fille aux allumettes*.
2. Impressionné. – 3. Se mettre d'accord. – 4. Laurel et Hardy sont deux acteurs américains très différents : Hardy est gros et grand tandis que Laurel est petit et maigre.

Yves Pinguilly, *En sortant de l'école*, © Magnard, 2004.

1 Repère la phrase qui te permet de savoir où se déroule l'action et copie-la.

....

2 Entoure l'illustration qui correspond à ce qui est raconté.

3 Dans le texte, entoure en rouge les mots qui désignent Suzanne, en bleu les mots qui désignent Théo et en noir les mots qui désignent la voiture.

4 Dans le texte, surligne en jaune les phrases prononcées par Suzanne et en vert les phrases prononcées par Théo.

5 À quoi la voiture et le coffre sont-ils comparés ? Choisis les bonnes réponses et complète les phrases.

un bijou – un animal – une vedette – un monstre

La voiture est comparée à ....

Le coffre de la voiture est comparé à ....

6 Dans la liste suivante, entoure les synonymes de « luisante ».

sale – rayée – brillante – belle – étincelante

7 Fais la liste de tout ce qui fait de cette voiture une voiture extraordinaire.

....

....

8 Pourquoi le coffre de la voiture intéresse-t-il autant Théo et Suzanne ?

....

....

9 Pourquoi les enfants admirent-ils autant cette voiture ?

....

....

ÉCRITURE ✎

▶ **Écrire la suite d'un dialogue**

Les deux enfants s'installent dans le coffre de la voiture…

> **Écris la suite de la conversation entre Théo et Suzanne.**

Je prépare ce que je vais écrire

1 À ton avis, comment Suzanne et Théo vont-ils trouver le coffre de la voiture ? Entoure l'adjectif que tu choisis.

confortable – trop petit – trop grand – trop dur

2 Dans leur voyage de l'autre côté de la Terre, quels pays vont-ils visiter ? Proposes-en trois.

....

3 Cite les monuments qu'ils vont découvrir.

....

4 Un inconnu s'approche de la voiture. D'après toi, qui est-ce ? Décris-le en une phrase.

le propriétaire de la voiture – un passant – un policier

....

5 Que va faire l'inconnu ? Souligne la proposition que tu choisis.

a. Il va les gronder.   **c.** Il va s'amuser en écoutant leur voyage imaginaire.

b. Il va leur demander de partir.   **d.** Il va les inviter à s'asseoir dans la voiture. –

6 Complète les boites à mots avec des verbes du dialogue.

Pour poser une question	Pour donner une réponse	Pour exprimer des sentiments

Maintenant, j'écris

> **Écris la suite de la conversation de Théo et Suzanne en t'aidant des réponses aux questions et de ta boite à mots.**

N'oublie pas !

• Respecte la ponctuation des dialogues.
• Varie les verbes qui permettent de rapporter les paroles des personnages.
• Accorde correctement les verbes et les sujets.
• Utilise le futur de l'indicatif pour raconter le voyage imaginaire.

1 Raconte en une phrase comment les enfants s'installent dans la voiture.

....
....
....

2 Écris ce que Théo et Suzanne disent du coffre de la voiture.

....
....
....

3 Écris ce que Théo dit lorsqu'il parle du voyage imaginaire.

....
....
....

4 Écris ce que Suzanne dit lorsqu'elle parle du voyage imaginaire.

....
....
....

5 Raconte l'arrivée de l'inconnu en une phrase.

....

6 Rédige ce qu'il va leur dire.

....
....

7 Rédige ce que Théo et Suzanne répondent.

....
....

LECTURE 📖

L'école du désert

Noura est très triste : ses parents lui ont annoncé qu'elle ne pourrait pas aller à l'école car cela coûte trop cher. Elle décide alors d'aller voir en secret la directrice de l'école.

Quand Noura quitte le village, le soleil est presque au plus haut dans le ciel. Un long collier de sueur dégouline dans son dos.

Sami met moins d'une heure pour aller à Oum Jrane, ce n'est pas si loin. Noura sera rentrée avant le goûter. Pourvu qu'elle ne croise pas une vipère des sables !

5 Ses pieds commencent à s'échauffer contre la toile rêche[1]. Noura s'arrête et boit un long trait d'eau. Elle s'essuie le visage avec son foulard, puis elle le noue autour de sa tête, cale sa bourse[2] d'un côté, sa gourde de l'autre, et repart. Il n'y a pas d'ombre le long de la route, ses talons lui font très mal, la toile brûle la peau, qui commence à cloquer. Ce n'est pas ce qui va arrêter Noura ! Quand elle sera 10 docteur, elle inventera des chaussures refroidissantes pour marcher sur les sols trop chauds.

Un bruit de moteur la surprend.

Une vieille voiture klaxonne deux fois et s'arrête près d'elle.

1. Qui n'est pas douce.
2. Son portemonnaie.

Cécile Roumiguière, *L'École du désert*, © Magnard, 2005.

❶ À quel moment de la journée Noura quitte-t-elle le village ? Coche la bonne réponse, puis souligne dans le texte ce qui te permet de répondre.

❑ au petit matin ❑ le soir ❑ à midi

❷ « Un long collier de sueur dégouline dans son dos. » Souligne la phrase qui a le même sens.

a. Des gouttes de sueur coulent le long de son dos.

b. La sueur mouille son dos.

c. Un collier de perles pend dans son dos.

3 Comment Noura se déplace-t-elle ? Souligne en rouge dans le texte ce qui te permet de répondre.

4 « Noura boit un long trait d'eau. » Souligne la phrase qui a le même sens.

a. Noura boit à plusieurs reprises.

b. Noura boit beaucoup d'eau en une seule fois.

c. Noura boit une petite quantité d'eau.

5 Souligne en vert dans le texte les phrases qui montrent que le voyage de Noura est pénible et difficile.

6 « Pourvu qu'elle ne croise pas une vipère des sables ! » Quel est le sentiment exprimé par Noura dans cette phrase ? Coche la bonne réponse.

❏ Noura est curieuse de voir une vipère des sables.

❏ Noura est à la recherche d'une vipère des sables.

❏ Noura a peur de rencontrer une vipère des sables.

7 Quel mot reconnais-tu dans l'adjectif « refroidissantes » ?

....

Écris un autre mot de la même famille.

....

8 Pourquoi Noura veut-elle inventer des chaussures refroidissantes ?

....

....

....

9 Entoure les adjectifs qui peuvent être utilisés pour faire le portrait de Noura.

imprudente – courageuse – peureuse – inconsciente – déterminée – indécise – prudente

10 Rédige le portrait de Noura en quatre phrases.

....

....

....

....

3

ÉCRITURE ✎

► Raconter une péripétie

Un bruit de moteur la surprend.
Une vieille voiture klaxonne deux fois et s'arrête près d'elle.

> ❯ **Qui Noura va-t-elle rencontrer ? Que va-t-il se passer ?**

Je prépare ce que je vais écrire

1 **Qui est dans la vieille voiture ? Entoure dans la liste le personnage que tu choisis.**

un voisin – un oncle – un cousin – son père

2 **Dans la boite à mots suivante, barre les mots dont tu n'as pas besoin pour décrire ce personnage.**

Son physique	Son attitude
jeune – maigre – chevelu – vieux – ridé – chauve – fort	souriant – inquiétant – rassurant – aimable

3 **Écris trois adjectifs pour décrire la vieille voiture.**

....

4 **Que transporte ce personnage dans sa voiture ? Entoure ce que tu choisis.**

des fruits – des tapis – des pâtisseries – des cartons

5 **Que va-t-il faire ? Souligne les propositions que tu choisis.**

a. Il gronde Noura parce qu'elle est toute seule au bord de la route.

b. Il lui demande où elle va.

c. Il lui propose de la raccompagner chez elle.

d. Il lui propose de la conduire à Oum Jrane.

6 **Que ressent Noura ? Souligne les propositions que tu choisis.**

a. Elle est inquiète.

b. Elle est rassurée.

c. Elle est en colère.

Maintenant, j'écris

> **Qui Noura va-t-elle rencontrer ?**
Que va-t-il se passer ? Écris la suite du récit en t'aidant des réponses aux questions et de ta boite à mots.

N'oublie pas !

• Utilise bien la ponctuation.
• Accorde correctement les verbes et les sujets.
• Évite les répétitions.

1 **Écris une phrase pour décrire la voiture.**

....

....

2 **Écris deux phrases pour décrire le personnage qui arrive. Indique bien qui il est.**

....

....

3 **Écris la question qu'il pose à Noura quand il arrive près d'elle.**

....

....

4 **Rédige la réponse de Noura.**

....

....

....

....

5 **Rédige quatre phrases pour raconter comment le voyage de Noura se poursuit jusqu'à Oum Jrane. Que dit-elle à la directrice en arrivant ?**

....

....

....

....

....

....

LECTURE 📖

Saccages en série

Comme tous les matins, à six heures précises, Mme Leroi s'apprêtait à ouvrir sa boulangerie-pâtisserie. Tout en frottant ses yeux encore ensommeillés, elle fit tourner la clé dans la serrure. Elle entra, bâilla un bon coup et repoussa la porte derrière elle. Au bruit que fit celle-ci en claquant, elle sursauta, puis sourit de son
5 effroi. Elle tâtonna[1] pour trouver le bouton de l'interrupteur et appuya : la lumière éclaira la boutique.

Mme Leroi, horrifiée, fit un bond en arrière et se colla contre la porte…

Son magasin avait été sauvagement saccagé. Les vitres étaient brisées et il n'y avait plus un seul gâteau sur les plateaux où elle les avait déposés la veille au soir. Le sol
10 était couvert de débris de verre, de brioches écrasées, maculé[2] de crème pâtissière, affreusement souillé[2] de mousse au chocolat.

Sur cette immonde marmelade, Mme Leroi, terrifiée, distingua très nettement des empreintes… Elle hurla.

En entendant son cri, M. Pierrot, le propriétaire du café d'en face, se précipita à
15 son secours. Arrivé sur le seuil[3] de la boutique, il reçut dans ses bras Mme Leroi évanouie, mais la lâcha aussitôt : il avait vu les empreintes.

À la même heure, **on** entendit des cris d'épouvante rue de la République, puis place Du Breuil, et enfin au coin de la rue Collet et de l'avenue Pernais, c'est-à-dire dans trois autres pâtisseries.

1. Chercha en hésitant.
2. Taché.
3. L'entrée.

Sarah Cohen-Scali, *La Puce, détective rusé*, © Casterman, 2010.

1 **À quel moment de la journée cette scène se déroule-t-elle ? Coche la bonne réponse.**

❏ dans la nuit   ❏ tard le soir   ❏ très tôt le matin   ❏ dans la journée

Souligne en rouge dans le texte la phrase qui te permet de répondre.

2 **Repère dans le texte les mots qui désignent la boulangerie-pâtisserie et copie-les.**

....

③ Souligne en vert dans le texte les expressions qui montrent que madame Leroi a encore sommeil.

④ Entoure dans le texte les mots qui désignent les actions effectuées par madame Leroi avant de découvrir le saccage.

⑤ « Au bruit que fit celle-ci en claquant, elle sursauta, puis sourit de son <u>effroi</u>. » Réécris cette phrase en remplaçant le mot souligné par un synonyme.

....

⑥ Pour chaque adjectif, écris un nom de la même famille.

horrifiée → ....   terrifiée → ....

⑦ « Son magasin avait été sauvagement <u>saccagé</u>. » Entoure les synonymes du mot souligné dans la liste suivante.

incendié – détruit – rangé – nettoyé – ravagé

⑧ Pourquoi madame Leroi s'évanouit-elle ?

....

⑨ « Sur cette immonde marmelade », ligne 12 : de quoi est-il question ici ? Cherche des indices dans le texte pour expliquer cette expression.

....

....

⑩ Relie le début de la phrase à la suite qui convient.

Monsieur Pierrot lâche madame Leroi	•	• car elle est trop lourde.
		• car il glisse dans la crème pâtissière.
		• car il aperçoit des empreintes effrayantes sur le sol.

⑪ Qui est désigné par le pronom « on » à la ligne 17 ? Coche la bonne réponse.

❏ Madame Leroi   ❏ Madame Leroi et monsieur Pierrot

❏ Monsieur Pierrot   ❏ Tous les habitants de la ville

⑫ D'après toi, pourquoi entend-on des cris d'épouvante dans trois autres pâtisseries de la ville ?

....

....

....

....

ÉCRITURE ✏️

▶ **Décrire un lieu**

> À la même heure, on entendit des cris d'épouvante rue de la République, puis place Du Breuil, et enfin au coin de la rue Collet et de l'avenue Pernais, c'est-à-dire dans trois autres pâtisseries.
>
> ❯ **Écris la description de l'une des trois autres pâtisseries.**

Je prépare ce que je vais écrire

1 **Donne un nom au propriétaire de cette nouvelle pâtisserie.**

....

2 **Fais la liste de ses réactions quand il découvre que sa pâtisserie a été saccagée.**

....

....

....

3 **Pour montrer que la pâtisserie a été saccagée, complète la boite à mots suivante.**

Des mots pour dire ce qui a été renversé	Des mots pour dire ce qui a été écrasé	Des mots pour dire ce qui a été cassé
....	....	....
....	....	....
....	....	....

4 **Qui vient au secours du propriétaire ? Que fait-il ?**

....

....

....

5 **Quel indice, présent dans la boutique de madame Leroi, devra absolument apparaitre dans cette pâtisserie ?**

....

Maintenant, j'écris

> **Rédige la description de l'une des trois autres pâtisseries.**

1 **Raconte en deux phrases l'arrivée du propriétaire de la pâtisserie en indiquant son nom.**

N'oublie pas !

• Écris le texte au présent de l'indicatif.
• Fais les accords dans les groupes nominaux.
• Ponctue correctement ton texte.

....

....

2 **Décris ce qu'il découvre lorsqu'il entre dans la pâtisserie. Aide-toi des différentes listes de mots de la boite à mots.**

....

....

....

....

3 **Raconte comment le propriétaire réagit.**

....

....

....

4 **Raconte l'arrivée de la personne qui vient l'aider ainsi que ses réactions.**

....

....

....

5 **Décris le ou les indices laissés sur les lieux.**

....

....

....

....

LECTURE

Le savant en herbe

1. Le serpent apprivoisé

Découpe un serpent en papier. Frotte une règle sur un pull en laine et mets-la au-dessus de la tête du serpent : elle se lève.

En frottant la règle contre la laine, tu l'as chargée d'électricité. Elle peut alors attirer des objets légers.

2. La pièce magique

Demande à un copain de prendre une pièce, de la serrer dans la main pendant une minute et de la poser sur la table.

Pour trouver celle qu'il a prise, touche-les vite : c'est la plus chaude ! Le métal reçoit et garde la chaleur.

3. Construire une boussole

Colle un couvercle de plastique sur un rond de papier. Remplis-le d'eau. Frotte le bout d'une aiguille contre un aimant. Découpe une rondelle de bouchon. Transperce-la avec l'aiguille. Mets la rondelle sur l'eau : le bout aimanté de l'aiguille va indiquer le nord.

Collectif, *Méga Junior*, © Nathan Jeunesse, 2008.

1 **Dans quel type de livre peux-tu trouver ces textes ? Coche la bonne réponse.**

❏ un roman   ❏ un journal   ❏ un documentaire

❏ un livre de recettes   ❏ une encyclopédie

2 **À quoi servent ces textes ? Souligne la bonne réponse.**

a. Ils racontent.   **c.** Ils expliquent.

b. Ils décrivent.   **d.** Ils informent.

3 À qui s'adressent-ils ? Coche la bonne réponse.

❏ à un spectateur   ❏ à un lecteur   ❏ à un acteur   ❏ à un auteur

4 Relie chaque expérience à ce qui lui correspond. Attention, il peut y avoir plusieurs réponses possibles.

Le serpent apprivoisé •

La pièce magique •

Construire une boussole •

• une expérience scientifique

• la fabrication d'un objet

• un tour de magie

• une devinette

5 Dans les textes 1 et 2, souligne les phrases qui donnent l'explication scientifique.

6 Pour chaque texte, écris la liste de ce que tu dois préparer pour réaliser l'activité.

Texte 1	Texte 2	Texte 3

7 Dans « le serpent apprivoisé », que signifie l'adjectif « apprivoisé » ? Coche la bonne réponse.

❏ le serpent savant   ❏ le serpent dansant

❏ le serpent sauvage   ❏ le serpent dressé

8 Dans le texte 3, surligne les mots qui indiquent les actions à effectuer pour fabriquer la boussole. De quel type de mots s'agit-il ?

....

9 Explique le titre de la page 20, « Le savant en herbe ».

....

....

....

....

ÉCRITURE ► **Rédiger une fiche de fabrication**

Comment fabriquer un herbier ?

Un herbier est un cahier dans lequel on collectionne des plantes desséchées et soigneusement nommées.

> **En t'aidant des illustrations ci-dessous, écris les consignes correspondant aux différentes étapes de la réalisation d'un herbier.**

Je prépare ce que je vais écrire

1 **En t'aidant des illustrations, dresse la liste du matériel nécessaire à la réalisation de l'herbier.**

....

....

....

2 **Écris le numéro de l'illustration qui correspond à chacune des étapes de la réalisation de l'herbier.**

• Coller les plantes. → n° ....   • Aplatir. → n° ....

• Choisir les plantes. → n° ....   • Préparer le séchage. → n° ....

• Écrire le nom des plantes. → n° ....   • Décorer la couverture du cahier. → n° ....

3 **D'après toi, combien de temps faut-il pour que les plantes soient bien sèches ? Entoure la réponse.**

1 heure – 1 jour – 3 semaines – 1 an

Maintenant, j'écris

> En t'aidant des illustrations, écris les consignes correspondant aux différentes étapes de la réalisation d'un herbier.

N'oublie pas !

• Chaque phrase doit commencer par un verbe conjugué.
• Utilise des petits mots pour préciser l'ordre des étapes : d'abord, ensuite, puis...
• Utilise un vocabulaire précis.

1 Écris une phrase pour indiquer le matériel dont tu as besoin pour réaliser l'herbier.

....

....

2 Maintenant, rédige les consignes à côté de chaque étape de la réalisation de l'herbier.

....
....
....

....
....
....
....

....
....
....

....
....
....

....
....
....

LECTURE 📖

Texte intégral

Les mocassins de l'ours (partie 1)

Savez-vous pourquoi l'ours marche en se dandinant[1] ?

Cela remonte au temps le plus ancien, le temps d'avant le temps. En ce temps-là, le soleil n'en faisait qu'à sa tête. Il brillait la nuit, se couchait le jour. Il n'était pas rare qu'il restât dans le ciel une semaine d'affilée, brûlant tout sur son passage,
5 puis qu'il disparaisse ensuite un mois entier. Et le monde se retrouvait alors plongé dans la plus profonde obscurité.

À la fin, les animaux de jour et les animaux de nuit en eurent assez. Ils se réunirent en conseil, dans la grande plaine, pour trouver une solution à ce problème.

Le chien de prairie eut toutes les peines du monde à sortir de son terrier, la
10 chouette clignait des yeux rougis de fatigue, le loup hurlait à la lune, et les vers luisants s'accrochaient désespérément les uns aux autres en une longue chaîne de protestation. L'ours, quant à lui, avait retiré ses mocassins[2] et se frottait le bout des pattes endolories[3], car il était venu de très loin pour participer à cette réunion extraordinaire.

15 Lorsque tous furent réunis dans la grande plaine, les animaux de jour et les animaux de nuit se mirent à parler ensemble.

1. En balançant son corps, en se déhanchant.
2. Des chaussures souples.
3. Douloureuses.

Françoise Desmars, *Contes des Indiens d'Amérique*, © Magnard, 2004.

1 **De quel genre de texte s'agit-il ? Coche la bonne réponse.**

❏ une enquête policière   ❏ un conte

❏ une poésie   ❏ un documentaire sur les animaux

2 **Dans quel but lit-on ce texte ? Coche la bonne réponse.**

❏ pour se raconter une histoire   ❏ pour décrire la grande plaine

❏ pour se renseigner sur la vie des animaux

3 **Que signifie l'expression « le soleil n'en faisait qu'à sa tête » ? Souligne la bonne réponse.**

a. Le soleil ne fait que ce qu'il veut. **b.** Le soleil a mal à la tête. **c.** Le soleil a une grosse tête.

4 Retrouve, dans le texte, la phrase qui explique ce que le soleil fait d'anormal. Souligne-la.

5 Explique avec tes mots quel est le problème des animaux.

....

....

....

6 Complète le tableau en classant les animaux de l'histoire dans la bonne colonne. Aide-toi d'un dictionnaire.

Les animaux qui dorment le jour	Les animaux qui dorment la nuit
....	....
....	....
....	....
....	....

7 Que décident de faire les animaux pour essayer de trouver une solution à leur problème ? Repère la phrase du texte qui l'explique et copie-la.

....

....

8 « Le chien de prairie eut toutes les peines du monde à sortir de son terrier. » Souligne la phrase qui a le même sens.

a. Le chien de prairie est triste de sortir de son terrier.

b. Le chien de prairie rencontre des difficultés pour sortir de son terrier.

9 Entoure les adjectifs qui qualifient le mieux les animaux de cette histoire.

heureux – énervés –satisfaits – fatigués – tristes – amusés – reposés

Explique ton choix en rédigeant une phrase.

....

....

....

LECTURE 📖

Texte
intégral

Les mocassins de l'ours (partie 2)

Ils discutèrent longuement. Ils discutèrent tant et tant qu'ils finirent par se disputer. La grande plaine se transforma bien vite en un immense champ de bataille. Et au-dessus de ce champ s'élevait un énorme nuage de poussière. Le soleil, qui passait par là, aperçut le nuage de poussière. Comme il était très curieux,
5 il se rapprocha de la terre pour voir ce qui se passait. Mais le nuage de poussière était si épais que le soleil n'arriva pas à voir au travers. Alors il s'approcha encore. Sa chaleur immense dispersa[1] la poussière et quand ils l'aperçurent, les animaux de jour et les animaux de nuit s'enfuirent aussi vite qu'ils le purent.

Seul l'ours, qui avait égaré ses mocassins dans la bataille, voulut les rechausser.
10 Dans sa précipitation[2], il se trompa de pied, enfilant sa patte droite dans le mocassin gauche et sa patte gauche dans le mocassin droit. Et c'est depuis ce jour, ce jour d'avant le temps, que l'ours marche toujours en se dandinant.

1. Fit partir.
2. Affolement, panique.

Françoise Desmars, *Contes des Indiens d'Amérique*, © Magnard, 2004.

1 **Rappelle-toi le début de l'histoire. Écris *vrai* ou *faux* à côté de chaque phrase.**

a. Les animaux ont un problème avec le soleil. → ....

b. Le soleil ne brille pas assez. → ....

c. Les animaux se rassemblent pour fêter le retour du soleil. → ....

d. L'ours a mis ses mocassins car il vient de loin. → ....

2 **« Ils discutèrent tant et tant qu'ils finirent par se disputer. » D'après toi, pourquoi les animaux se disputent-ils ?**

....

....

3 **Copie l'expression employée dans le texte pour décrire le lieu de la dispute.**

....

4 Qu'est-ce qui attire le soleil ? Coche la bonne réponse.

❏ les cris des animaux ❏ un champ de bataille

❏ un nuage de poussière ❏ les mocassins de l'ours

5 Entoure dans le texte l'adjectif qui qualifie le soleil.

6 Explique avec tes mots pourquoi le soleil s'approche des animaux.

....

....

....

7 « Quand ils l'aperçurent, les animaux de jour et les animaux de nuit s'enfuirent aussi vite qu'ils le purent. » Souligne la phrase qui convient.

a. Les animaux s'enfuient parce qu'ils ont peur de l'ours.

b. Les animaux s'enfuient car les rayons du soleil les brulent.

c. Les animaux s'enfuient à cause de la poussière qui leur pique les yeux.

8 « Seul l'ours, qui avait égaré ses mocassins dans la bataille, voulut les rechausser. »

a. Souligne le radical et entoure le préfixe du mot *rechausser*.

b. Écris trois mots de la même famille.

....

c. Écris trois verbes formés avec le même préfixe.

....

9 Copie la phrase du texte qui explique pourquoi l'ours marche en se dandinant.

....

....

10 D'après toi, le problème des animaux est-il résolu à la fin du conte ? Justifie ta réponse.

....

....

....

ÉCRITURE ✏️

▶ **Présenter un conte**

Savez-vous pourquoi l'ours marche en se dandinant ?

❯ **Relis les textes des pages 24 et 26, puis rédige un texte qui présente le conte. Tu termineras en donnant ton avis.**

Je prépare ce que je vais écrire

1 Après avoir relu le conte en entier, écris où et quand l'action se déroule.

....

....

....

2 Explique en une phrase le problème rencontré par les animaux.

....

....

3 Rappelle ce qu'ils décident de faire pour résoudre leur problème.

....

....

....

4 De quoi les animaux vont-ils parler ? Entoure les réponses qui conviennent.

de leur fatigue – des mocassins de l'ours – du jour et de la nuit – de l'obscurité –
de ce qu'ils veulent dire au soleil

5 Pourquoi l'ours marche-t-il en se dandinant à partir de ce jour-là ?
Coche la bonne réponse.

❏ Il s'est trompé de mocassins et il a enfilé ceux d'un autre animal.

❏ Il a oublié de se chausser.

❏ Il s'est trompé de pied en se rechaussant.

❏ Il s'est fait mordre par un serpent.

❏ Il a marché sur des épines.

Maintenant, j'écris

> Rédige un texte qui présente le conte et termine en donnant ton avis.

N'oublie pas !

• Évite les répétitions en utilisant des pronoms personnels.
• Accorde correctement les verbes et les sujets.
• Ponctue correctement ton texte.

1 Écris un premier paragraphe dans lequel tu présentes l'époque et le lieu de ce conte, ainsi que les personnages et le problème qu'ils rencontrent.

....
....
....
....
....

2 Écris un autre paragraphe pour expliquer ce que font les animaux pour résoudre leur problème. Ne dévoile pas la fin du conte.

....
....
....
....
....

3 Écris deux phrases pour dire ce que tu as apprécié ou non dans cette histoire.

....
....
....

4 Termine en expliquant pourquoi tu conseilles ou non à tes camarades de lire ce conte.

....
....

J'identifie une phrase

1 ⭐ **Barre les phrases qui ne sont pas correctes. Explique comment tu le sais.**

a. le ciel est sans nuages. ➡ ....

b. Quelle heure est-il ? ➡ ....

c. Pluie la fort tombe. ➡ ....

d. Quel joli dessin ! ➡ ....

e. Ce bureau est en bois ➡ ....

2 ⭐ **Compte le nombre de phrases du texte. Entoure les indices.**

Quelle est la plus haute montagne du monde ? C'est l'Everest. Pour l'escalader, mieux vaut être un bon marcheur. Mais une fois au sommet, les courageux sont récompensés. Quelle vue incroyable !

Le texte est composé de .... **phrases.**

3 ⭐⭐ **Recopie le texte en corrigeant les erreurs.**

ce matin, nous avons visité une boulangerie nous avons vu le boulanger fabriquer son pain puis nous l'avons gouté il était. encore chaud Quel régal

....

....

....

4 ⭐⭐ **Remets les mots dans l'ordre pour former deux phrases. Ajoute les majuscules et la ponctuation.**

| couleur | bleu | est | c'est | quelle | préférée | ta | le |

....

....

5 ⭐⭐⭐ 🖊 **Écris trois phrases pour décrire ton animal préféré. N'oublie pas les majuscules et les points.**

....

....

....

J'identifie de quoi on parle et ce qu'on en dit

❶ ⭐ **Souligne le sujet et encadre le prédicat.**

a. Doryana a acheté une nouvelle chemise.

b. Cette histoire fait très peur !

c. Le gros chat est blessé à la patte.

d. Le téléphone sonne sans arrêt.

❷ ⭐ **Écris trois phrases en associant un sujet et un prédicat.**

| est très bien écrite. | écrivent une poésie | Le maitre |

| lit un texte. | Les élèves | Cette lettre |

....

....

....

❸ ⭐⭐ **Complète chaque phrase par un prédicat de ton choix.**

a. Les oiseaux ....

b. Le Petit Chaperon rouge ....

c. Mon école ....

d. Les voyageurs ....

❹ ⭐⭐ **Complète chaque phrase par un sujet de ton choix.**

a. .... aime la confiture.

b. .... roule très vite.

c. .... iront au cinéma samedi prochain.

d. .... sont vraiment magnifiques !

❺ ⭐⭐⭐ ✎ **Écris un court texte pour décrire ton héros ou ton héroïne préféré(e). Utilise au moins trois prédicats différents.**

....

....

....

Je reconnais la phrase déclarative et la phrase interrogative

1 ⭐ **Copie les phrases dans le tableau suivant.**

Salomé imagine sa nouvelle maison. Aura-t-elle un jardin ? Salomé rêve d'avoir une balançoire. Est-ce qu'elle pourra inviter ses amies ? Elle est impatiente.

Phrases déclaratives	Phrases interrogatives
....	....
....	....
....	....

2 ⭐⭐ **Termine chaque phrase par le point qui convient : 🔲 ou 🔲 .**

a. Veux-tu boire du jus de fruits

b. Le jasmin est une plante parfumée

c. Où le trésor est-il caché

d. C'est l'heure d'aller dormir

3 ⭐⭐⭐ **Complète le tableau en transformant les phrases.**

Phrases interrogatives	Phrases déclaratives
Est-ce qu'Inès vient ce soir ?	....
....	Macéo a terminé ses devoirs.
....	Les enfants jouent aux cartes.

4 ⭐⭐⭐ **Complète le dialogue entre Olivia et son nouveau voisin.**

Olivia : ....

Le voisin : Je m'appelle Mehdi.

Olivia : Où habitais-tu avant de venir ici ?

Le voisin : ....

Olivia : ....

Le voisin : Oui, j'aime jouer au ballon.

Je distingue la forme affirmative et la forme négative

1 ⭐ **Souligne les phrases affirmatives en vert et les phrases négatives en rouge.**

a. Le bleu est ma couleur préférée.

c. Ce téléphone ne fonctionne pas.

b. Il ne neige jamais en été.

d. Tu as beaucoup grandi.

2 ⭐ **Entoure les adverbes de négation.**

a. Il n'a rien entendu.

b. Ce gâteau n'est plus bon.

3 ⭐ **Complète le tableau suivant en transformant les phrases.**

Phrases affirmatives	Phrases négatives
....	Sam n'a pas faim.
L'eau est fraiche.	....
....	Imane n'est pas plus grande que Julie.

4 ⭐⭐ **Réécris la lettre écrite par Hugo à son frère Elijah en corrigeant les erreurs.**

Cher Elijah, je suis content d'être à la mer mais j'aime pas me baigner quand l'eau est trop froide. Les vagues sont grosses mais j'ai même pas peur.
Tu me manques mais je suis pas triste.
                          À bientôt, Hugo

....

....

....

....

5 ⭐⭐⭐ ✎ **Écris une phrase affirmative pour dire ce que tu aimes et une phrase négative pour dire ce que tu n'aimes pas.**

....

....

....

J'utilise la ponctuation

1 ⭐ **Entoure les signes de ponctuation qui marquent la fin des phrases en vert, ceux qui séparent les éléments d'une énumération en bleu, et les signes de ponctuation du dialogue en noir.**

Leïla adore la musique. Elle sait jouer de la flute, du tambour, de la guitare et du piano. Son ami Amar est impressionné :

« Tu sais vraiment jouer de tous ces instruments ?

– Oui, écoute ! dit Leïla. »

2 ⭐⭐ **Corrige en rouge les erreurs de ponctuation dans ces phrases.**

a. Malika a acheté des œufs du pain des oranges.

b. Viens ici tout de suite ?

c. Où as-tu garé la voiture.

d. En sport nous faisons de la course du football et de la gymnastique

e. Est-ce qu'il fait chaud aujourd'hui.

3 ⭐⭐ **Copie le texte en ajoutant les signes de ponctuation qui manquent.**

Qu'est-ce qu'un tapir C'est un animal qui vit en Asie ou en Amérique Il se nourrit de graines de plantes de fruits Il mesure environ deux mètres Quel animal bizarre

....

....

....

....

4 ⭐⭐⭐ ✏ **Un génie t'apparait. Il te propose de faire un vœu. Rédige un court dialogue.**

....

....

....

....

....

....

....

Je repère le verbe conjugué

1 ⭐ **Transforme les phrases en changeant le temps, puis encadre les verbes conjugués.**

a. Vincent joue de la guitare. → ....

b. Lundi, il fera beau. → ....

c. J'avais sept ans. → ....

d. Le bateau entre dans le port. → ....

e. Le facteur dépose une lettre. → ....

2 ⭐⭐ **Réécris les phrases en employant les sujets proposés et encadre les verbes conjugués.**

a. Soraya a les cheveux longs. → Elles ....

b. Tu regarderas la télévision. → Vous ....

c. Vous aidez vos parents. → Ils ....

d. Je joue au football. → Nous ....

e. Vous achetez du pain. → Elle ....

3 ⭐⭐ **Encadre les verbes conjugués du texte.**

La fabrication d'un livre est longue. D'abord, l'auteur écrit le texte du livre et l'illustrateur réalise les dessins. Ensuite, l'éditeur donne son avis et le fait imprimer. Des camions transportent le livre dans les librairies. Enfin, les lecteurs découvrent l'histoire.

4 ⭐⭐ **Barre l'intrus et explique ton choix.**

a. je porte – la porte – il porte : ....

b. la joue – une joue – elle joue : ....

c. tu élèves – les élèves – nos élèves : ....

5 ⭐⭐⭐ ✎ **Écris trois phrases pour raconter ta journée. Encadre les verbes conjugués.**

....

....

....

....

....

Je connais l'infinitif du verbe

1 ✯ **Encadre les verbes à l'infinitif en vert et les verbes conjugués en rouge.**

J'adore aller à la plage. Je regarde les mouettes voler dans le ciel. Je m'allonge sur le sable.
Je dois faire attention aux coups de soleil et mettre un chapeau. J'écoute le bruit des vagues,
puis je vais nager un peu. Ensuite, il est l'heure de rentrer à la maison.

2 ✯✯ **Écris l'infinitif des verbes en gras.**

a. Le boulanger **fabrique** du pain.

↓

c. L'âne **grimpe** sur la colline.

↓

b. Le chat **vient** sur mes genoux.

↓

d. Le soir, Amine **prépare** son sac.

↓

3 ✯✯ **Ajoute des verbes à l'infinitif pour compléter la recette.**

.... un yaourt dans un saladier. .... trois œufs.

.... trois pots de farine et deux pots de sucre. ....
le yaourt, les œufs, la farine et le sucre. .... dans un moule et
.... dans le four. .... pendant 30 minutes environ.

4 ✯✯✯ **Transforme l'ordonnance du médecin en remplaçant les verbes conjugués
par des verbes à l'infinitif.**

Tu prends une cuillerée de sirop
le matin. Tu avales un comprimé
d'aspirine et tu suces une pastille
pour la gorge.

....
....
....
....

5 ✯✯✯ ✎ **Écris un court texte pour rappeler ce qu'il faut faire et ce qu'il ne faut pas
faire en classe. Utilise des verbes à l'infinitif.**

Exemple : Il faut écouter la maitresse.

....
....
....

Je repère le sujet du verbe

1 ⭐ **Souligne le sujet des verbes en gras.**

a. Ce camion **transporte** des marchandises.

b. Demain, nous **irons** au théâtre.

c. Que **fait** le mécanicien ?

d. Les planètes **tournent** autour du soleil.

2 ⭐ **Dans chaque phrase, encadre le verbe conjugué et souligne le sujet.**

Karim appelle sa grand-mère pour son anniversaire. Ses frères veulent aussi lui parler.
Tous les enfants chantent « Joyeux anniversaire ». La grand-mère est contente. Elle décrit
ses cadeaux. Elle passe une très bonne journée.

3 ⭐ **Complète avec un sujet qui convient. Tu peux choisir un pronom, un nom propre ou un groupe nominal.**

a. .... font leurs devoirs.

b. .... prépare une fête.

c. .... boivent du café.

d. .... range son bureau.

e. .... portent les valises.

f. .... allume un feu.

4 ⭐⭐ **Utilise chaque groupe nominal comme sujet d'un verbe et complète la phrase.**

a. La voiture ....

b. Les chatons ....

c. Mes voisines ....

d. Tes camarades ....

e. Ma sœur et moi ....

5 ⭐⭐⭐ ✎ **Écris un court texte sur la fête de l'école, en utilisant les verbes suivants :**
arrive, discute, jouent et *dansent*.

....

....

....

....

J'utilise
les pronoms personnels (1)

1 ⭐ **Entoure les pronoms personnels.**

Malik va au marché avec son père. Ils veulent acheter des fruits et des légumes. Malik veut tout faire tout seul. Il demande au marchand :

– Bonjour monsieur. Avez-vous des oranges ?

– Oui. Combien d'oranges veux-tu ? Elles sont très juteuses.

– Je veux quatre oranges.

2 ⭐ **Classe dans le tableau les pronoms personnels que tu as entourés dans l'exercice 1.**

Les pronoms qui désignent qui parle	Les pronoms qui désignent à qui l'on parle	Les pronoms qui désignent de qui ou de quoi l'on parle
....	....	....

3 ⭐⭐ **Qui est désigné par chaque pronom personnel encadré ?**

Au cirque, les clowns entrent en premier sur la piste.

Ce qu'|ils| sont drôles ! Puis viennent les acrobates. → ....

|Elles| sont élégantes : quelle souplesse ! → ....

« |Vous| êtes magnifiques ! leur crie Jamila. → ....

Maintenant |je| voudrais voir les lions ! » → ....

4 ⭐⭐ **Complète ce texte avec les pronoms personnels qui conviennent.**

Adam est chauffeur de car. .... conduit toute la journée. .... adore bavarder avec les passagers. .... ont toujours des histoires à lui raconter. .... sont parfois très amusantes ! Le matin, Adam salue les enfants qui vont à l'école : « Avez-............ bien appris vos leçons ? » À la fin de sa journée, ... rentre chez lui à pied !

5 ⭐⭐⭐ ✎ **Continue ce dialogue entre deux amis qui se rencontrent au cinéma.**

Ali : Veux-tu voir un film d'action ?

Sofiane : ....

Ali : ....

Sofiane : ....

J'utilise
les pronoms personnels (2)

1 ⭐ **Écris sous chaque dessin le pronom personnel qui pourrait désigner les personnages suivants.**

| Yanis | Yanis et Mélina | Les copines | Mélina | Lucas et Yanis |

....

2 ⭐ **Indique si *je* est féminin (F) ou masculin (M) dans les phrases suivantes et entoure les indices qui te permettent de le savoir.**

a. Je suis surpris de te voir ! → ....   **d.** Je m'appelle Marie. → ....

b. Je suis danseur étoile. → ....   **e.** Je suis la nouvelle maitresse. → ....

c. Je suis contente ! → ....   **f.** Je suis allé à la plage. → ....

3 ⭐⭐ **Complète les phrases en utilisant le pronom personnel qui convient.**

a. Quelle taille fait le Soleil ? .... est 109 fois plus gros que la Terre.

b. Que font les planètes du système solaire ? .... gravitent autour du soleil.

c. Comment est la température du soleil ? .... est très élevée.

d. Que font les rayons du soleil ? .... apportent de la lumière et de la chaleur sur Terre.

4 ⭐⭐ **Remplace chaque pronom personnel par un groupe nominal qui convient.**

a. **Elles** ont adoré le film ! → ....

b. **Il** fait de la peinture. → ....

c. **Ils** ont pris le train ce matin. → ....

d. **Elles** vont dormir sous la tente. → ....

5 ⭐⭐⭐ ✎ **Écris un court texte pour dire ce que font les enfants de ta classe pendant la récréation. Utilise au moins trois pronoms personnels différents.**

....
....
....
....

Je distingue les compléments du verbe et les compléments de phrase

1 ⭐ **Encadre le verbe en rouge, souligne le sujet en bleu et les compléments en jaune.**

a. Le policier arrête les voitures.

b. Ce soir, je prendrai une douche.

c. Les pommes tombent à cause du vent.

d. Le technicien répare l'ordinateur.

2 ⭐ **Souligne les compléments du verbe et barre les compléments de phrase.**

a. Dans leur cahier, les élèves recopient une poésie.

b. Les jardiniers plantent des jasmins dans le jardin, à côté de la fontaine.

c. Lundi prochain, les déménageurs transporteront les meubles.

d. Mathis écrit une lettre avec application.

e. Tous les matins, les pêcheurs jettent leurs filets dans la mer.

3 ⭐⭐ **Réécris les phrases en déplaçant les compléments de phrase.**

a. Doucement, le bateau s'approche. → ....

b. Pour le gouter, Inès croque une pomme. → ....

c. Amina referme son cahier brusquement. → ....

d. Sur la branche, un oiseau chante. → ....

4 ⭐⭐ **Enrichis chaque phrase en ajoutant un complément de phrase.**

a. Nous jouons aux cartes. → ....

b. Les dromadaires marchent. → ....

c. Le bus s'arrête. → ....

d. Salomé joue du piano. → ....

5 ⭐⭐⭐ ✎ **Écris un court texte. Utilise les compléments du verbe *de la semoule* et *des brochettes*, et les compléments de phrase *au restaurant* et *gentiment*.**

....

....

....

....

....

....

Je repère les compléments du verbe

1 ✶ **Complète chaque colonne par *oui* ou par *non* pour analyser les compléments en gras.**

	Je peux déplacer le complément.	Je peux supprimer le complément.	C'est un complément du verbe.
Rose écrit **un poème**.	....	....	....
La voiture avance **lentement**.	....	....	....
Malik achète **un poulet**.	....	....	....

2 ✶ **Écris la nature des compléments du verbe soulignés : groupe nominal (GN), nom propre (NP) ou verbe à l'infinitif (V).**

a. Eliott écrit <u>un poème</u>.
↓
☐

c. J'adore <u>lire</u> !
↓
☐

e. La maitresse interroge <u>Éva</u>.
↓
☐

b. Nous découvrons <u>Paris</u>.
↓
☐

d. Mon frère aime <u>dormir</u>.
↓
☐

f. Alex tond <u>la pelouse</u>.
↓
☐

3 ✶✶ **Réécris chaque phrase en remplaçant le complément en gras par un autre complément.**

a. Zoé observe **les fourmis**. → ....

b. J'ai décidé **de partir**. → ....

c. Le vendeur range **les chemises**. → ....

4 ✶✶ **Entoure la phrase intruse et explique ton choix.**

Je lis un livre. – Je prends le train. – Je parle doucement.

....

5 ✶✶✶ ✎ **Rédige un texte pour raconter une partie de cache-cache. Utilise les verbes *jouer, chercher, décider, cacher*.**

....

....

....

....

Je reconnais les noms

① ⭐ **Souligne les noms communs et encadre les noms propres. Attention, il y a des intrus !**

musique – Nadia – manger – guitare – Paris – immense – écouter – disque – Europe

② ⭐ **Barre l'intrus dans chaque liste et explique ton choix.**

a. course – cheval – courir – piste : ....

b. pays – ville – Afrique – continent : ....

c. vélo – voiture – moto – joli : ....

③ ⭐⭐ **Classe les noms du texte dans le tableau.**

Farida vit à Paris avec
sa famille, mais tous les étés,
elle va au Maroc où habitent
ses cousins : Medhi et Azad.
Elle adore la chaleur et
la lumière de l'Afrique.

Noms communs	Noms propres
....	....
....	....
....	....

④ ⭐⭐ **Complète chaque devinette avec un nom commun.**

a. Je suis le roi des animaux. Je suis un ....

b. J'adore ronronner sur tes genoux. Je suis un ....

c. Je suis un bijou que l'on met autour de son cou. Je suis un ....

d. Je suis un fruit rond et juteux. Mon nom évoque ma couleur. Je suis une ....

⑤ ⭐⭐⭐ ✎ **Trouve des noms en rapport avec l'école : trois noms de lieux, trois noms de matières (disciplines), trois noms d'objets et trois noms de personnes.**

- ....
- ....
- ....
- ....
- ....
- ....

Je reconnais les déterminants

1 ★ **Entoure les déterminants.**

Tous les ans, en juillet, ma grand-mère faisait de la confiture avec les framboises de son jardin. Avec mes cousins, nous devions ramasser les fruits avec précaution. Elle ajoutait aussi des groseilles. Sa confiture était un vrai régal !

2 ★★ **Classe les déterminants en gras. Tu peux les écrire plusieurs fois.**

Mon chat Minuit est noir comme **la** nuit mais **ses** pattes sont blanches. Il adore se cacher sous **le** lit en remuant **les** moustaches !

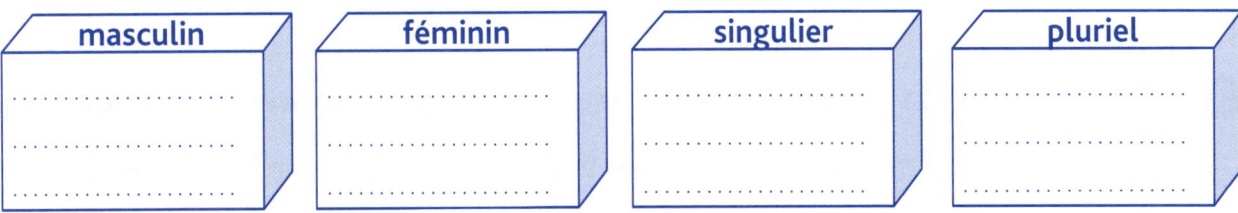

masculin	féminin	singulier	pluriel
....	....	....	....
....	....	....	....
....	....	....	....

3 ★★ **Souligne les groupes nominaux et indique leur genre : masculin (M) ou féminin (F), et leur nombre : singulier (S) ou pluriel (P).**

a. Ma sœur aime le fromage.

....

b. Mon bureau a des roulettes.

....

c. Son voisin a un gros chien.

....

d. La télévision est sur une commode.

....

4 ★★★ **Barre l'intrus et explique ton choix.**

a. le – son – une – un : ....

b. des – un – les – ses : ....

c. cette – ma – ton – la : ....

5 ★★★ ✏ **Écris quelques phrases pour présenter ta famille. Utilise des déterminants.**

....

....

....

....

....

Je reconnais les adjectifs

1 ⭐ **Souligne les adjectifs.**

a. Cette tarte est délicieuse.

b. Quel magnifique tableau !

c. J'aime l'eau fraiche.

d. C'est un film effrayant.

e. Kenza a les yeux noirs.

f. Le plat est très chaud.

2 ⭐ **Souligne les adjectifs, puis relie-les par une flèche au nom qu'ils précisent.**

C'est une petite fille très gentille. Elle porte une cape rouge. Elle doit traverser une

sombre forêt pour aller chez sa grand-mère malade. Mais elle rencontre le méchant loup.

3 ⭐⭐ **Réécris le texte en ajoutant au moins un adjectif pour préciser chaque nom en gras.**

Le perroquet est un **oiseau**. Il a des **plumes** et un **bec**. Il aime se percher sur des **arbres**.

....

....

....

4 ⭐⭐ **Souligne les adjectifs, puis réécris le texte en les remplaçant par d'autres adjectifs de ton choix.**

Madame Toulat est très gentille. C'est une excellente cuisinière. Elle adore faire de délicieux gâteaux pour les enfants.

....

....

5 ⭐⭐⭐ 🖊 **Décris la sorcière et sa cuisine en utilisant au moins cinq adjectifs.**

....

....

....

....

....

....

J'enrichis le groupe nominal

1 ⭐ **Entoure les noms qui sont le noyau de ces groupes nominaux.**

a. un gâteau délicieux

c. une chaussette trouée

e. une dure journée

b. des patins à roulettes

d. ma grande fille

f. un bâton tordu

2 ⭐ **Souligne les groupes nominaux enrichis et entoure les noms noyaux.**

a. Sofiane a mis une jolie chemise bleue.

d. J'ai traversé une sombre forêt.

b. Ma petite sœur est très coquine !

e. J'ai vu un gros bateau en bois.

c. Gulli est un magnifique cheval gris.

f. Un violent orage a éclaté.

3 ⭐⭐ **Copie les groupes nominaux suivants en les enrichissant.**

a. un chapeau ➞ ....

b. un jardin ➞ ....

c. une table ➞ ....

d. un chien ➞ ....

e. une robe ➞ ....

4 ⭐⭐ **Dans les groupes nominaux en gras, barre les mots qui ne sont pas indispensables.**

Ulula est **une affreuse sorcière**. **Cette horrible vieille femme** adore jeter **des sorts terribles**. Elle poursuit **les pauvres enfants du voisinage**. Elle les enferme dans **sa grande maison biscornue** et récite **des formules magiques mystérieuses** pour les transformer en **crapauds baveux**.

5 ⭐⭐⭐ ✎ **Décris une personne que tu connais bien en utilisant au moins trois groupes nominaux enrichis. Tu peux parler, par exemple, de ses yeux, de sa bouche, de son nez, de ses cheveux…**

....

....

....

....

....

....

Je reconnais le passé, le présent et le futur

1 ⭐ **Complète les phrases par :** *Il y a quelques années – En ce moment – Bientôt.* **Puis relie-les au temps employé.**

a. ...., nous faisons des révisions.   •   • passé

b. ...., les chameliers traversaient le désert.   •   • présent

c. ...., les ouvriers termineront la maison.   •   • futur

2 ⭐ **Barre les formes verbales qui ne conviennent pas.**

a. De nos jours, nous **téléphonions / téléphonons / téléphonerons** beaucoup.

b. Autrefois, les ânes **transportaient / transportent / transporteront** les marchandises.

3 ⭐⭐ **Classe chaque verbe selon le temps qu'il exprime. Ajoute un verbe conjugué de ton choix dans chaque colonne.**

elles avaient gagné – nous déménagerons – tu commences

Passé	Présent	Futur
....	....	....
....	....	....

4 ⭐⭐ **Complète le tableau suivant.**

Infinitif	Verbe conjugué	Temps utilisé
écouter	nous	futur
....	elles roulaient	....
....	tu as lu	....

5 ⭐⭐⭐ **Réécris le texte en respectant la chronologie.**

Le pharmacien lui donnera un sirop pour guérir son fils. Depuis, il a mal à la gorge et se sent fiévreux. Vendredi dernier, Sofiane a attrapé froid. Demain, sa mère ira à la pharmacie.

....

....

....

....

Je reconnais le radical et la terminaison du verbe

1 ⭐ **Repère le verbe conjugué dans chaque phrase. Souligne le radical et entoure la terminaison.**

a. Le corps consomme l'énergie apportée par les aliments.

b. Les voitures actuelles consomment moins de carburant.

2 ⭐ **Classe ces verbes dans les trois sacs, puis écris leur radical dans les étiquettes.**

nages   grimpons   nagent   nagez   cueille

grimpaient   grimperas   cueillerons   cueillaient

3 ⭐⭐ **Complète le tableau en indiquant par une croix ce qui fait varier le verbe.**

	Le verbe varie en fonction :		
	de la personne	du temps	des deux
tu manges – vous mangez – elles mangent			
il viendra – il venait – il vient			
je raconte – tu as raconté – nous raconterons			

4 ⭐⭐⭐ **Relie les sujets aux verbes qui conviennent, puis complète les phrases.**

Le bébé •   • joue ....

Les footballeurs •   • joue ....

La guitariste •   • jouent ....

Je conjugue les verbes en *-er* au présent

1 ★ **Colorie l'intrus dans chaque liste.**

Liste n° 1 → | je décore | je gagne | je dansais | je parle |

Liste n° 2 → | tu discutes | tu tombes | tu goutes | tu colleras |

2 ★ **Complète les phrases en conjuguant les verbes entre parenthèses au présent.**

a. Tu *(pratiquer)* .... un sport collectif.

b. J' *(admirer)* .... le gardien de but pour son habileté.

3 ★★ **Barre le verbe qui ne convient pas.**

a. Chut ! Tu **parle / parles** trop fort.

b. Après la lecture, j'**imagine / imagines** la suite de l'histoire.

c. Tu **dérange / déranges** tes voisins de classe.

4 ★★ **Lis ces deux phrases, compare-les et complète le tableau.**

Je marche à l'ombre.   Tu marches à l'ombre.

	Vrai	Faux
J'entends une différence.		
J'entends deux différences.		
Je vois une différence.		
Je vois deux différences.		

5 ★★★ **Recopie le message de Jamila au présent.**

Pour réaliser une fusée en papier, tu récupèreras une feuille et des ciseaux. Tu regarderas bien le modèle, puis tu découperas un carré et tu plieras les ailes. Tu lanceras la fusée de toutes tes forces vers le ciel. Ainsi, elle volera très loin.

....

....

....

....

....

Je conjugue les verbes en *-ger* et en *-cer* au présent

1 ⭐ **Lis les verbes conjugués. Souligne le radical.**

tu manges – nous mangeons – il voyage – nous voyageons – elle perce – nous perçons

2 ⭐ **Classe les verbes dans le tableau suivant.**

manger – dévorer – passer – placer – pincer – piquer – voyager – parler – percer

Verbes à un radical	Verbes à deux radicaux

3 ⭐⭐ **Complète le tableau.**

Infinitif	Verbe conjugué au présent avec *je*	Verbe conjugué au présent avec *nous*
avancer		
ranger		

4 ⭐⭐ **Réécris ce texte en remplaçant *tu* par *nous*.**

Pour faire le dessin d'une maison, tu commences par les murs. Ensuite, tu places les fenêtres et la porte. Si tu te trompes, tu effaces avec une gomme.

....

....

....

5 ⭐⭐⭐ ✎ **Écris trois phrases dans lesquelles tu utiliseras les verbes suivants au présent et à la première personne du pluriel.**

remplacer – protéger – patauger

....

....

....

....

Je conjugue les verbes *être*, *avoir* et *aller* au présent

1 ⭐ **Colorie les phrases qui comportent le verbe *avoir* au présent en bleu, celles qui comportent le verbe *être* au présent en vert et celles qui comportent le verbe *aller* au présent en jaune.**

Tu es souvent en retard.	J'étais en vacances.	J'ai vraiment mal à la tête.
Vous allez au bord de la mer.	Je vais chez moi.	Elles ont envie d'une glace.
Nous avons beaucoup d'amis.	Tu as tort.	Vous êtes en avance.
Mon père ira chez le médecin.	Nous sommes amis d'enfance.	Elles sont très solidaires.

2 ⭐⭐ **Conjugue les verbes entre parenthèses au présent.**

a. Simon *(avoir)* .... les yeux foncés.

b. Ses deux grands-parents *(avoir)* .... les yeux clairs.

c. Je *(être)* .... passionné par les oiseaux migrateurs.

d. Pendant les vacances, nous *(aller)* .... souvent à la plage.

e. Je *(aller)* .... en ville avec toi.

3 ⭐⭐ **Réécris ces phrases au présent.**

a. Les océans étaient pollués. → ....

b. Il sera temps de protéger la nature. → ....

c. Nous étions bien informés. → ....

4 ⭐⭐ **Complète la grille. Tu découvriras, dans la colonne en bleu clair, le nom d'un fauve.**

aller conjugué au présent avec *vous*. →

être conjugué au présent avec *je*. →

avoir conjugué au présent avec *nous*. →

aller conjugué au présent avec *ils*. →

5 ⭐⭐⭐ ✎ **Écris un court texte pour indiquer son chemin à un touriste perdu qui veut visiter le marché. Utilise les verbes *avoir*, *être* et *aller* au présent.**

....

....

....

Je conjugue les verbes *prendre*, *venir* et *voir* au présent

1 ⭐ Colorie les phrases qui comportent le verbe *venir* au présent en bleu, celles qui comportent le verbe *prendre* au présent en vert et celles qui comportent le verbe *voir* au présent en jaune.

Tu viens de loin.	Je me souviens de toi.	La voiture prend de la vitesse.
Vous verrez mes progrès.	Les vieux chiens voient mal.	Elles deviennent coquettes.
Nous voyons souvent nos amis.	Vous comprendrez le texte.	Je prends mon sac à dos.
Vous venez de la capitale.	Je vais dehors.	Tu revois ton ami.

2 ⭐ Souligne le radical de chaque verbe conjugué.

a. je prends – ils prennent – nous prenons – vous prenez – elle prend

b. je viens – elles viennent – nous venons – il vient – vous venez – tu viens

c. je vois – nous voyons – il voit – vous voyez – elles voient

3 ⭐⭐ Barre les formes verbales qui ne conviennent pas.

a. Ma grand-mère **prends** / **prend** le bus pour nous rendre visite.

b. Depuis plusieurs heures, le journal télévisé **préviens** / **prévient** de la tempête.

c. Je **vois** / **voit** / **voient** la nouvelle photographie du bébé.

d. Vous **voyais** / **voyait** / **voyez** / **voyaient** ses parents pour la première fois.

4 ⭐⭐ Complète chaque phrase avec un sujet qui convient. Tu peux utiliser un pronom, un nom propre ou un groupe nominal.

a. .... surprennent les voleurs.

b. Sans son blouson, ... prend froid.

c. .... prévoyons le retour du froid.

d. .... comprends sa colère.

e. .... intervenez toujours à temps pour éviter l'accident.

5 ⭐⭐⭐ ✎ Écris un court texte imaginaire qui parle de fantômes. Utilise les verbes de ton choix parmi les verbes suivants : *venir – revenir – surprendre – parvenir – voir – intervenir – revoir – prendre*.

....

....

....

Je conjugue les verbes *dire* et *faire* au présent

❶ ⭐ **Classe les verbes conjugués dans les boites qui conviennent. Attention, il y a des intrus !**

je dis – vous faites – ils font – vous êtes – elle fait – vous dites – elles disent – nous disons – nous faisons – ils vont – elle dit – je fais

faire

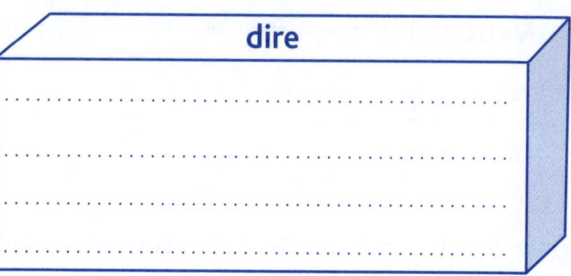

dire

❷ ⭐ **Entoure les verbes qui vont avec ces pronoms.**

a. je ➝ dis – es – suis – fais – surprends – vais – dit – fait – prend

b. vous ➝ disons – êtes – faites – prenez – sommes – allons – dites – venez

c. elles ➝ font – disent – vont – prennent – allons – sont – viennent – voient – ont

❸ ⭐⭐ **Souligne le radical de chaque verbe conjugué.**

a. nous défaisons – elle refait – ils font – vous défaites

b. vous dites – ils contredisent – tu prédis – nous redisons

❹ ⭐⭐ **Conjugue chaque verbe entre parenthèses au présent.**

a. Tu *(aller)* .... en récréation si tu *(être)* .... calme.

b. Vous *(dire)* .... « stop » car vous *(faire)* .... attention.

c. Nous *(avoir)* .... de la chance, nous *(faire)* .... partie des gagnants !

d. Si vous *(faire)* .... des bêtises, je le *(dire)* .... à un adulte.

❺ ⭐⭐⭐ **Écris des phrases avec les verbes *faire* et *dire* sur le modèle suivant, mais en variant les pronoms. Tu peux écrire des phrases négatives.**

Exemple : Vous faites ce que je dis !

a. .... ce que ....

b. .... ce que ....

c. .... ce que ....

d. .... ce que ....

Je conjugue les verbes *pouvoir* et *vouloir* au présent

1 ⭐ **Souligne le radical de chaque verbe conjugué.**

ils veulent – je peux – nous voulons – nous pouvons – ils peuvent – vous pouvez – il peut – je veux – tu peux – elles veulent – elle veut

2 ⭐ **Écris le nombre de radicaux de chaque verbe conjugué au présent.**

a. pouvoir → ....   **b.** vouloir → ....

3 ⭐ **Colorie les étiquettes dont tu as besoin pour conjuguer le verbe *pouvoir* au présent.**

-s   -x   pouv-   -ons   pourr-   peu-   -t   peuv-   -ent   -ez

4 ⭐⭐ **Dans le tableau suivant, coche la case qui correspond à chaque forme verbale.**

Verbe conjugué au présent	Singulier			Pluriel		
	je	tu	il / elle	nous	vous	ils / elles
veux						
peut						
veulent						
voulons						
pouvez						

5 ⭐⭐ **Complète le tableau suivant.**

	vouloir	pouvoir
Formes conjuguées au présent qui se prononcent de la même façon	....	....

6 ⭐⭐⭐⭐ **Écris des phrases avec les verbes *pouvoir* et *vouloir* sur les modèles suivants, mais en variant les pronoms. Tu peux écrire des phrases négatives.**

Exemples : Vous faites ce que vous pouvez !   Vous faites ce que vous voulez !

a. .... ce que ....

b. .... ce que ....

c. .... ce que ....

d. .... ce que ....

Je conjugue les verbes en *-er* à l'imparfait

1 ✶ **Souligne le radical de chaque verbe en bleu. Entoure la marque du temps en vert et la marque de la personne en rouge.**

a. Autrefois, de nombreux nomades **traversaient** le désert.

b. Ils se **déplaçaient** avec leurs troupeaux.

c. Les familles s'**abritaient** sous des tentes.

2 ✶ **Barre les verbes qui ne conviennent pas.**

a. J'**habitais / habitait / habitaient** chez mes grands-parents pendant les vacances.

b. Mon petit frère **copiais / copiait / copiaient** ses leçons en silence.

3 ✶✶ **Ajoute deux verbes de ton choix pour continuer chaque liste.**

a. tu lavais – elles écoutaient – nous chantions – .... – ....

b. nous mangeons – nous crions – vous étudiez – .... – ....

4 ✶✶ **Réécris le texte à l'imparfait.**

Le coq chante à l'aube. Il réveille les poules. Alors elles grattent le sol pour découvrir des petits vers. Elles picorent des grains. Quelquefois, elles avalent des petits cailloux.

....

....

....

5 ✶✶ **Complète le tableau suivant.**

Infinitif	Pronom	Verbe conjugué à l'imparfait
copier	nous	....
étudier	vous	....

6 ✶✶✶ ✏ **Écris un court texte pour raconter une peur de ta petite enfance. Conjugue les verbes à l'imparfait.**

Quand j'étais petit(e), ...

....

....

....

Je conjugue les verbes *être*, *avoir* et *aller* à l'imparfait

1 ⋆ **Relie chaque radical à son infinitif.**

all- •   • avoir

av- •   • être

ét- •   • aller

2 ⋆ **Colorie uniquement les marques de personne de l'imparfait.**

-s   -ons   -ent   -e   -ez   -es   -t   -ont   -x

3 ⋆ **Souligne le radical de chaque verbe en bleu. Entoure la marque du temps en vert et la marque de la personne en rouge.**

Nous **aimions** écouter notre professeur nous parler du Moyen Âge. Il nous **racontait** la vie des chevaliers qui **avaient** de lourdes armures. Ils **allaient** de château en château participer à des tournois. Ils **étaient** entrainés à la guerre.

4 ⋆⋆ **Conjugue cette phrase à l'imparfait à toutes les personnes.**

J'avais de la chance, j'étais en vacances et j'allais à l'étranger.

Tu ....

Yacine ....

Inès et moi, ...

Ali et toi, ...

Mon oncle et ma tante ....

5 ⋆⋆⋆ **Complète ces phrases avec les verbes *avoir*, *aller* et *être* conjugués à l'imparfait. Devine de quels personnages de contes il s'agit.**

a. C'.................... un animal de la forêt. Il .... de grandes dents et un air menaçant. Il .... à la rencontre du Petit Chaperon rouge.

→ Il s'agit ....

b. Elle .... très cruelle. Elle .... un miroir magique. Elle .... souvent le questionner.

→ Il s'agit ....

c. Elle .... deux méchantes demi-sœurs. Elle .... considérée comme une servante. Elle .... au bal en carrosse.

→ Il s'agit ....

Je conjugue les verbes *prendre*, *venir* et *voir* à l'imparfait

1 ✰ Entoure les radicaux utilisés pour conjuguer les verbes *prendre*, *venir* et *voir* à l'imparfait.

| prenn- | ven- | voi- | voy- | pren- | vien- | vienn- |

2 ✰ Souligne le radical de chaque verbe en bleu. Entoure la marque du temps en vert et la marque de la personne en rouge.

a. Vous **preniez** votre petit déjeuner avec nous.

b. Nous **prenions** du thé bien sucré.

c. Quand tu **venais** à la maison fêter mon anniversaire, tu **prévoyais** toujours un cadeau.

3 ✰✰ Conjugue les verbes entre parenthèses à l'imparfait.

a. Les élèves *(prendre)* .... leur ticket à l'entrée du musée. Leur professeur

(prendre) .... des photographies des œuvres principales. Nous *(venir)*

.... nous asseoir devant le guide. Les enfants *(voir)* ....

des momies pour la première fois. Elles *(venir)* .... d'Égypte.

b. Les tortues *(revenir)* .... toujours pondre au même endroit.

Les scientifiques *(prendre)* .... des photos de leurs œufs en train d'éclore.

4 ✰✰ Conjugue cette phrase à l'imparfait aux personnes suivantes.

Quand tu venais chez moi, tu prenais toujours le bus 14.

Quand vous ....

Quand Bilal ....

Quand Fatima et Kenza ....

Quand Youssef et toi ....

5 ✰✰ Conjugue ces verbes à l'imparfait et construis un escalier de verbes en les plaçant au bon niveau.

a. *prévoyez*

b. *venons*

c. *venez*

d. *prenons*

Je conjugue les verbes *dire* et *faire* à l'imparfait

1 ★ **Barre ce qui est faux.**

a. À l'imparfait, les verbes *dire* et *faire* ont plusieurs radicaux.

b. À l'imparfait, les verbes *dire* et *faire* ont une seule marque de temps.

c. À l'imparfait, les verbes *dire* et *faire* ont plusieurs marques de temps.

2 ★ **Colorie uniquement les étiquettes dont tu as besoin pour conjuguer les verbes *dire* et *faire* à l'imparfait.**

dir- | -ont | -ent | -x | dis- | -i- | fai- | -e | -er-

-t | fais- | -es | -ons | di- | fait- | -ez | -ai- | -s

3 ★ **Indique à quel temps est conjugué chaque verbe.**

a. il fait → ....

c. tu fais → ....

b. elles faisaient → ....

d. vous faisiez → ....

4 ★ **Complète le tableau avec les formes conjuguées du verbe *dire* à l'imparfait.**

	Formes qui se prononcent de la même façon et qui ne s'écrivent pas pareil	Formes qui ne se prononcent pas de la même façon
dire	....	....

5 ★★ **Réécris chaque phrase avec le pronom indiqué.**

a. Tu faisais toujours tes devoirs avant le diner.

Vous ....

b. Chaque année, mon professeur faisait une fête pour la fin des cours.

Nos professeurs ....

6 ★★★ ✎ **Souviens-toi d'un de tes rêves. Écris ce que tu faisais et ce que tu disais.**

J'ai rêvé que je ....

....

....

....

Je conjugue les verbes *pouvoir* et *vouloir* à l'imparfait

1 ⭐ **Colorie les radicaux des verbes *pouvoir* et *vouloir* conjugués à l'imparfait.**

peu-   veu-   pouv-   peuv-   veul-   voul-

2 ⭐ **Écris toutes les formes verbales possibles à l'imparfait à l'aide des étiquettes. Attention, toutes ne seront pas utilisées !**

-x   -ons   -i-   pouv-   -ai-   -er-   -ent

peuv-   voul-   -ont   -ez   -s   -t

....

....

3 ⭐ **Barre les formes verbales qui ne conviennent pas.**

a. Hier soir, mon père **voulais / voulait / voulaient** sortir la voiture du garage, mais il ne le **pouvais / pouvait / pouvaient** pas car un camion gênait.

b. Ma sœur et moi **voulions / voulaient** l'aider.

c. Le clown **faisais / faisait / faisaient** des farces.

d. Vous **voulais / vouliez** bien rire à toutes ses bêtises.

4 ⭐⭐ **Réécris ces phrases à l'imparfait.**

a. Je ne peux pas dormir ! ➝ ....

b. Ce robot peut tout faire. ➝ ....

c. Les chats veulent toujours grimper aux arbres.

➝ ....

d. Parfois, ils ne peuvent plus redescendre.

➝ ....

5 ⭐⭐ **Conjugue ces verbes à l'imparfait et construis un escalier de verbes en les plaçant au bon niveau.**

a. *pouvons*

b. *dites*

c. *veulent*

d. *veux*

Je conjugue les verbes en -er au futur

❶ ⭐ **Souligne les phrases qui sont au futur.**

a. La pluie tombe depuis des jours.

b. Les averses continueront jusqu'à la fin de la semaine.

c. L'eau envahira bientôt les rues.

d. Aussi, je ne vais plus à l'école à pied.

❷ ⭐ **Souligne le radical de chaque verbe en bleu. Entoure la marque du temps en vert et la marque de la personne en rouge.**

À l'atelier poésie, nous **sélectionnerons** des poèmes. Nous les **recopierons** dans notre cahier. Noura **travaillera** sa diction. Vous vous **entrainerez** ensemble. Les élèves **présenteront** leurs poèmes à tour de rôle. Nous **féliciterons** les auteurs.

❸ ⭐⭐ **Complète le tableau suivant avec le verbe** *continuer* **au futur.**

Formes conjuguées qui se prononcent de la même façon		
....	....	....
....	....	....

❹ ⭐⭐ **Complète avec un sujet qui convient. Tu peux choisir un pronom, un nom propre ou un groupe nominal.**

a. .... consulterons le médecin.

b. .... bénéficieront de ses conseils.

c. .... profiteras de l'occasion pour calculer la courbe de poids.

d. .... contrôlera la vue de tous les élèves.

e. .... ausculterez les plus petits en premier.

f. .... examinerai le carnet de santé de chaque enfant.

❺ ⭐⭐⭐ ✎ **Imagine ce que tu feras s'il pleut demain. Raconte ta journée en utilisant des verbes en -er.**

S'il pleut demain, ...

....

....

Je conjugue les verbes *être*, *avoir* et *aller* au futur

1 ⭐ **Relie chaque radical à son infinitif.**

ir- •   • avoir

aur- •   • être

ser- •   • aller

2 ⭐ **Colorie uniquement les marques de personne du futur.**

| -s | -a | -ons | -ent | -ai | -e | -ez | -es | -as | -t | -ont |

3 ⭐⭐ **Complète le tableau suivant.**

	avoir	être	aller
Formes verbales conjuguées au futur qui se prononcent de la même façon mais qui s'écrivent différemment	....	....	....

4 ⭐⭐ **Conjugue les verbes entre parenthèses au futur.**

Quand les cyclistes *(être)* .... en haut de la colline, ils *(être)*

.... certainement fatigués. Ils *(avoir)* .... encore la moitié

de la course à effectuer. Ils *(aller)* .... au bout de leurs forces.

Les spectateurs *(avoir)* .... beaucoup de plaisir à les encourager.

5 ⭐⭐⭐ **Devine de quel métier il s'agit (conducteur d'engin, pilote de course, facteur, clown...) et écris-le dans la case. Pour le trouver, complète ces phrases avec les verbes *avoir*, *aller* et *être* conjugués au futur.**

a. Tu .... une casquette. Tu .... en uniforme.

Tu .... chez tous les habitants.

Tu .... [_____].

b. Tu .... aux manettes. Tu .... un casque

sur les oreilles. Tu .... de chantier en chantier.

Tu .... [_____].

Je conjugue les verbes *prendre*, *venir* et *voir* au futur

1 ★ Entoure les radicaux utilisés pour conjuguer les verbes *prendre*, *venir* et *voir* au futur.

| ver- | ven- | voi- | prend- | voy- | pren- | viend- | vienn- |

2 ★ Souligne le radical de chaque verbe en bleu. Entoure la marque du temps en vert et la marque de la personne en rouge.

a. Vous **apprendrez** à conjuguer les verbes.

b. Nous **reverrons** nos anciens voisins avec plaisir.

c. Je **reviendrai** bientôt.

d. Les enfants **reprendront** du gâteau d'anniversaire.

3 ★★ Complète le tableau suivant.

	prendre	voir	venir
Formes verbales conjuguées au futur qui se prononcent de la même façon mais qui s'écrivent différemment	....	....	....
	....	....	....
	....	....	....
	....	....	....

4 ★★★ Observe la fin des verbes en gras, puis écris le verbe entre parenthèses au futur ou à l'imparfait.

a. Je ne (*prendre*) .... **s** plus mes repas à la cantine.

b. Nos invités (*venir*) .... **ont** tous ensemble en voiture.

c. Je (*voir*) .... **ai** le directeur dans son bureau.

d. Tu (*voir*) .... **ais** le match à la télévision.

e. Mes chaussures (*prendre*) .... **aient** l'eau.

5 ★★★ ✎ Écris un court texte pour décrire un tour de magie. Utilise les verbes *voir*, *devenir* et *prendre* au futur.

....

....

....

Je conjugue les verbes
dire et *faire* au futur

1 ★ Colorie uniquement les étiquettes dont tu as besoin pour conjuguer les verbes *dire* et *faire* au futur.

| dir- | -ont | -ent | -a | dis- | -i- | fer- | -ai | ser- | -as | -ons | di- | fait- | -ez |

2 ★★ Complète le tableau suivant.

	dire	faire
Formes verbales conjuguées au futur qui se prononcent de la même façon mais qui s'écrivent différemment	....	....

3 ★★ Conjugue les verbes entre parenthèses au futur.

a. Nous *(faire)* .... la queue au guichet.

b. Les bibliothécaires *(dire)* .... aux élèves où trouver les documentaires.

c. La couturière *(défaire)* .... rapidement l'ourlet de la jupe trop courte et le *(refaire)* ....

4 ★★★ ✎ Lis cette blague.

> Un professeur demande à un élève de conjuguer le verbe *marcher* au futur.
>
> – Je marcherai, tu marcheras, il marchera…, récite l'élève.
>
> – Plus vite ! demande de professeur.
>
> – Nous courrons, vous courrez, ils courront ! répond l'élève.

Écris une blague sur le même modèle en utilisant l'un des groupes de mots suivants.

| dire / Plus fort ! / crier | | dire / Moins fort ! / murmurer |

| faire / Arrête ! / défaire | | faire / Stop ! / refaire |

....

....

....

....

Je conjugue les verbes *pouvoir* et *vouloir* au futur

1 ⭐ **Colorie les radicaux des verbes *pouvoir* et *vouloir* conjugués au futur.**

| peu- | voud- | pouv- | peuv- | voul- | pour- |

2 ⭐⭐ **Barre les formes verbales qui ne conviennent pas.**

a. Les comédiens **voudrons / voudront** revenir sur scène pour saluer le public.

b. Vous **pourrai / pourrez** finir de recopier votre poésie demain.

c. Tu **pourras / pourra** t'arrêter quand tu **voudras / voudra**.

3 ⭐⭐ **Réécris ces phrases au futur.**

a. Tu pouvais prendre ce chemin. → ....

b. Voulez-vous sortir juste après ? → ....

c. Elles veulent voir ce film. → ....

d. Nous n'en pouvons plus ! → ....

4 ⭐⭐⭐ **Observe la fin des verbes en gras, puis écris le verbe entre parenthèses au présent, au futur ou à l'imparfait.**

a. Je ne (*vouloir*) ....**x** plus t'entendre !

b. Je (*vouloir*) ....**s** de la confiture d'oranges.

c. Je (*vouloir*) ....**ai** acheter ce magazine.

d. Nos amies (*pouvoir*) ....**ont** venir demain.

e. Le contrôleur (*pouvoir*) ....**t** faire payer une amende.

f. Il (*vouloir*) ....**ait** des bonbons.

5 ⭐⭐⭐ **Complète la grille avec les verbes conjugués au futur. Tu découvriras, dans la colonne en bleu clair, le nom d'un paysage.**

prendre conjugué au présent avec *il*. →

vouloir conjugué au futur avec *vous*. →

pouvoir conjugué au futur avec *tu*. →

pouvoir conjugué au présent avec *ils*. →

pouvoir conjugué au futur avec *je*. →

vouloir conjugué au présent avec *elle*. →

Je conjugue les verbes en -er au passé composé

1 ⭐ **Colorie les phrases conjuguées au passé composé.**

Antoine a téléphoné à ses parents.	Nous avons peur.	Tu es arrivé en retard.
Vous avez attrapé la grippe.	Il a déballé son cadeau.	Elles sont à l'ombre.

2 ⭐ **Encadre les verbes au passé composé et écris leur infinitif.**

a. Hier, j'ai essayé un pull et une chemise. → ....

b. Mes parents ont payé avec leur carte bancaire. → ....

c. Le facteur a livré un paquet à la maison. → ....

3 ⭐ **Complète avec un pronom ou un groupe nominal qui convient.**

a. .... suis allé à la bibliothèque de mon quartier.

b. .... a exposé de nouveaux romans sur les étagères.

c. .... ont trié et rangé les documentaires animaliers.

4 ⭐⭐ **Complète avec l'auxiliaire *avoir* ou l'auxiliaire *être*.**

a. elles .... arrivées   **c.** nous .... adoré   **e.** ils .... planté

b. vous .... apprécié   **d.** vous .... allés   **f.** tu .... montée

5 ⭐⭐ **Choisis le sujet qui convient parmi ces propositions.**

| Elle | Il | Sara | Ali | Ils | Elles | Sara et Inès | Ali et Amine |

a. .... est tombé.   **c.** .... sont rentrées.

b. .... est montée.   **d.** .... sont nés en mars.

6 ⭐⭐ **Réécris le texte de cette carte postale au passé composé.**

> Je passe mes vacances à Paris. Nous marchons beaucoup. J'admire de nombreux monuments. Mon père photographie les plus célèbres. Nous mangeons des glaces. Nous rentrons à la fin du mois.

....

....

....

....

Je conjugue les verbes *être,* *avoir* et *aller*

1 ⋆ **Encadre chaque verbe conjugué et écris son infinitif.**

a. Tu es souvent absent. → ....

b. Nous aurons ce livre à te rendre. → ....

c. Je vais leur rendre visite. → ....

d. Vous étiez heureux de mes progrès. → ....

e. Tu iras au bord de la mer. → ....

f. Amel et Sarah avaient envie d'une glace. → ....

g. Elles seront très pressées. → ....

h. J'ai besoin de te voir. → ....

i. Nous sommes amis d'enfance. → ....

2 ⋆ **Indique à quel temps sont conjugués les verbes en gras : au présent, au futur, à l'imparfait ou au passé composé.**

a. Les danseuses **auront** des courbatures. → ....

b. Mes parents **ont eu** une voiture rouge. → ....

c. Mes meilleurs amis **sont** des jumeaux. → ....

d. Petits, nous **étions** inséparables. → ....

e. Puis ils **sont allés** dans une autre école. → ....

3 ⋆⋆ **Conjugue chaque verbe entre parenthèses au temps indiqué.**

a. Anaïs (*avoir* au présent) .... de nombreux animaux chez elle. Sa chatte (*avoir* au futur) .... bientôt des chatons. À la naissance, ils (*être* au futur) .... aveugles.

b. À l'automne, les hirondelles (*aller* au présent) .... en Afrique. Au printemps et en été, elles (*être* à l'imparfait) .... en Europe. L'an prochain, elles (*être* au futur) .... de retour au même endroit.

4 ⋆⋆⋆ 🖊 **Écris un court texte pour décrire ta chambre. Utilise les verbes *avoir* et *être*.**

....

....

....

1 ⭐ **Entoure en bleu le radical de chaque verbe conjugué.**

je viens – ils viennent – nous venions – vous viendrez – il vient – vous venez

2 ⭐⭐ **Relie les propositions qui sont vraies.**

Au présent, le verbe *venir* a •   • un radical.

Au futur, le verbe *venir* a •   • deux radicaux.

À l'imparfait, le *venir* a •   • trois radicaux.

3 ⭐⭐ **Complète le tableau suivant.**

	venir
Formes conjuguées au présent qui se prononcent de la même façon	....
Formes conjuguées à l'imparfait qui se prononcent de la même façon	....
Formes conjuguées au futur qui se prononcent de la même façon	....

4 ⭐⭐ **Barre les formes verbales qui ne conviennent pas.**

a. Depuis plusieurs heures, la radio **prévenais / prévenait / prévenaient / prévenez** de l'arrivée de la canicule.

b. Tu **deviens /devient** de plus en plus concentré.

c. Les hirondelles **reviendrons / reviendront** au même endroit.

d. Vous vous **souvenais / souvenait / souvenaient / souvenez** de ce film.

5 ⭐⭐ **Complète avec un sujet qui convient. Tu peux utiliser un pronom, un nom propre ou un groupe nominal.**

a. .... interviennent de plus en plus.

b. .... se souviendra de son enfance grâce aux photographies.

c. .... interviens toujours à temps pour éviter l'accident.

Je conjugue le verbe *prendre*

1 ⭐ **Entoure en bleu le radical de chaque verbe conjugué.**

je prends – ils prennent – nous prenions – vous prendrez – il prend – vous prenez

2 ⭐ **Relie les propositions qui sont vraies.**

Au présent, le verbe *prendre* a •   • un radical.

Au futur, le verbe *prendre* a •   • deux radicaux.

À l'imparfait, le verbe *prendre* a •   • trois radicaux.

3 ⭐ **Fais la liste de toutes les marques de personne du verbe *prendre* au présent.**

....

4 ⭐ **Complète chaque liste avec une forme verbale qui convient.**

a. nous prenons – vous prenez – elles prennent – ....

b. je comprendrai – vous comprendrez – il comprendra – ....

5 ⭐ **Barre les formes verbales qui ne conviennent pas.**

a. Ma grand-mère **prenais / prenait / prenaient / prenez** le bus pour nous rendre visite.

b. Mes petites sœurs **prendrons / prendront** exemple sur moi.

c. Vous **comprenais / comprenait / comprenaient / comprenez** facilement cet exercice.

6 ⭐⭐ **Complète avec un sujet qui convient. Tu peux utiliser un pronom, un nom propre ou un groupe nominal.**

a. .... surprennent les spectateurs.

b. Sans ton écharpe, ... prendras froid.

c. .... comprend cet exercice.

d. .... prend un raccourci pour rentrer chez lui.

7 ⭐⭐⭐ ✎ **Tu pars en vacances. Raconte ce que tes parents mettent dans les bagages, et ce que tu ne veux surtout pas oublier. Utilise le verbe *prendre*.**

....

....

....

Je conjugue le verbe *voir*

1 ⭐ **Indique à quel temps est conjugué le verbe *voir*.**

a. Nous **voyons** loin. → ....

c. Nous **voyions** mal. → ....

b. Ils **voient** le ciel. → ....

d. Elles **verront** la mer. → ....

2 ⭐ **Dans le tableau suivant, coche la case qui correspond à chaque forme verbale.**

Verbe conjugué	Singulier			Pluriel		
	je	tu	il /elle	nous	vous	ils / elles
vois						
verras						
revoyais						
prévoient						

3 ⭐ **Barre les formes verbales qui ne conviennent pas.**

a. Je **vois / voit / voient** ce film pour la troisième fois.

b. Le bébé **voyais / voyait / voyaient** ses grands-parents pour la première fois.

c. Ma grand-mère **verras / verra** tout de suite les ressemblances avec son fils.

4 ⭐⭐ **Utilise les radicaux suivants pour compléter chaque forme verbale : *voi-* ou *voy-*.**

a. vous ....iez

c. je ....s

e. je ....ais

b. elles ....aient

d. il ....t

f. elles ....ent

5 ⭐⭐ **Réécris le texte à l'imparfait.**

Nous voyons trop rarement nos grands-parents. Heureusement, vous prévoyez de les inviter prochainement. Je revois toujours ma famille avec plaisir.

....

....

....

6 ⭐⭐⭐ ✎ **Écris un court texte pour expliquer ce que tu vois par la fenêtre de ta chambre.**

....

....

....

Je conjugue les verbes
dire et *faire*

1 ⭐ **Classe les verbes conjugués dans le tableau suivant.**

nous avons – j'allais – tu seras – je dis – vous faites – ils font – vous êtes – elle ira –
vous alliez – elles ont – elles auront – il disait – elles vont – vous dites – vous direz

être	avoir	faire	dire	aller
....	....	....	....	....
....	....	....	....	....
....	....	....	....	....
....	....	....	....	....

2 ⭐ **Indique à quel temps sont conjugués les verbes *dire* et *faire*.**

a. Vous **dites** des mensonges. ➞ ....

b. Nous **faisions** de notre mieux. ➞ ....

c. Ils **feront** attention. ➞ ....

3 ⭐⭐ **Utilise la bonne étiquette pour compléter chaque forme verbale.**

di-   dit-   dir-   dis-

a. je ....s   **d.** ils ....ent   **g.** je ....ai

b. elles ....aient   **e.** vous ....es   **h.** nous ....ons

c. elle ....t   **f.** ils ....ont   **i.** nous ....ions

4 ⭐⭐ **Réécris chaque phrase avec le pronom indiqué.**

a. Je ne m'en fais pas ! ➞ Vous ....

b. Tu ne disais rien. ➞ Nous ....

c. Ils font une partie de cartes. ➞ Il ....

5 ⭐⭐⭐ ✎ **Écris un court texte en utilisant les verbes *dire* et *faire*. Le titre sera :
« Le dernier jour de classe ». À toi de choisir si tu utilises l'imparfait ou le futur.**

....
....
....
....

Je conjugue les verbes
pouvoir et *vouloir*

1 ⭐ **Entoure en bleu le radical de chaque verbe conjugué.**

ils veulent – je pourrai – nous pouvions – nous voulons – vous pouvez – vous vouliez –
ils voudront – tu veux – elles peuvent – je voulais – elle peut

2 ⭐ **Dans le tableau suivant, coche la case qui correspond à chaque forme verbale.**

Verbe conjugué	Singulier			Pluriel		
	je	tu	il /elle	nous	vous	ils / elles
veux						
peut						
veulent						
voudras						
pourrons						

3 ⭐ **Écris le nombre de radicaux de chaque verbe.**

a. *pouvoir* au présent → ...... **c.** *pouvoir* à l'imparfait → ...... **e.** *pouvoir* au futur → ......

b. *vouloir* au présent → ...... **d.** *vouloir* au futur → ...... **f.** *vouloir* à l'imparfait → ......

4 ⭐⭐ **Complète le tableau suivant.**

	vouloir	pouvoir
Formes conjuguées au présent qui se prononcent de la même façon		
Formes conjuguées à l'imparfait qui se prononcent de la même façon		
Formes conjuguées au futur qui se prononcent de la même façon		

5 ⭐⭐⭐ 🖊 **Écris un court texte pour raconter un soir où tu as eu du mal à t'endormir. Utilise les verbes *pouvoir* et *vouloir*.**

....

....

....

J'écris le son [s]

1 ⭐ Entoure les lettres qui font le son [s].

> Chère Jamila,
> Je suis en vacances à Marseille, en France, avec mes cousines Inès et Kenza. J'ai rencontré un garçon très fort en dessin qui s'appelle Macéo. Tous ensemble, nous jouons à la maîtresse.
> Bisous.
> Clara

2 ⭐ Barre l'intrus dans chaque liste.

a. une classe – une base – une tasse   **c.** un glaçon – un caleçon – un bison

b. une rose – un toast – une cause   **d.** la cuisson – la cire – le ciment

3 ⭐ Complète les mots pour faire le son [s].

a. une lima......e   **c.** un rempla......ant   **e.** un hame......on   **g.** un ......igare

b. il aper......oit   **d.** nous per......ons   **f.** j'avan......e   **h.** une bi......yclette

4 ⭐⭐ Réécris le texte en remplaçant *je* par *nous*.

Je commence par ouvrir sans bruit le portail. Puis, j'avance doucement et je me place le plus près possible du garage. J'annonce mon arrivée par un coup de klaxon... Surprise !

....

....

....

5 ⭐⭐ Trouve un mot de la même famille pour expliquer la présence du *s* muet.

a. gros → ....   **c.** un tapis → ....   **e.** trois → ....

b. un tas → ....   **d.** un bras → ....   **f.** un pas → ....

6 ⭐⭐⭐ ✎ Écris un court texte sur les serpents. Utilise le plus possible de mots qui contiennent le son [s].

....

....

....

J'écris le son [g] et le son [ʒ]

1 ⭐ **Entoure en vert les lettres qui font le son [g] et en rouge les lettres qui font le son [ʒ].**

Margaux adore raconter des blagues à son frère quand ils sont à la plage. Ils s'amusent et ils plongent. Ils grimpent sur un gigantesque rocher qui fait comme une petite montagne. Mais Grégoire glisse et s'écorche le genou ! Sa mère le réconforte longuement.

2 ⭐ **Barre l'intrus dans chaque liste.**

a. une bague – une tige – une guêpe

b. grand – un gâteau – gentil

c. sage – jaune – dommage

d. un étang – un étage – une orange

3 ⭐⭐ **Complète les mots pour faire le son [ʒ].**

a. un piè......e

b. une ......irafe

c. je parta......ais

d. une pa......e

e. un plon......on

f. la ......entillesse

g. nous allon......ons

h. un gara......iste

i. l'ima......ination

4 ⭐⭐ **Complète les mots pour faire le son [g].**

a. ......rimper

b. la lan......e

c. ......etter

d. un ......arçon

e. un car......o

f. une ......itare

g. la ......lace

h. une ......alipette

i. une man......e

5 ⭐⭐ **Réécris le texte en remplaçant *je* par *nous*.**

Au gouter, je mélange des œufs, du lait et de la farine pour faire des crêpes. Je mange avec bon appétit et je partage les crêpes avec ma sœur.

....

....

6 ⭐⭐ 🖊 **Écris deux petites devinettes pour faire trouver des mots qui contiennent le son [g] ou le son [ʒ].**

Exemple : Je suis un animal. J'adore les bananes et je vis dans les arbres. Qui suis-je ?

....

....

....

J'écris le son [k]

1 ⭐ **Entoure toutes les lettres qui font le son [k].**

Dans le kiosque du parc, cinq musiciens jouent de l'accordéon et des percussions. Le public, qui apprécie l'orchestre, tape des mains. Quel magnifique concert !

2 ⭐ **Barre l'intrus dans chaque liste.**

a. accueillir – acclamer – lancer

c. un abricot – une cerise – une clémentine

b. un cheval – un coq – un chat

d. un écureuil – un koala – un kangourou

3 ⭐⭐ **Complète les mots pour faire le son [k].**

un ......ahier – un ......imono – une ......ourgette – é......iper – une bou......le – é......rire – le plasti......e – un ......ilomètre – des bis......uits – une ......ouverture

4 ⭐⭐ **Trouve la réponse aux devinettes avec un mot qui contient le son [k].**

a. C'est le sac dans lequel on range ses affaires d'école. ➞ ....

b. C'est dix plus cinq. ➞ ....

c. C'est un insecte rouge avec des points sur le dos. ➞ ....

d. On la porte sur la tête pour se protéger du soleil. ➞ ....

5 ⭐⭐⭐ **Écris des mots qui commencent par le son [k].**

a. Un nom de métier : ....

b. Un prénom : ....

c. Le nom d'une chose qui se mange : ....

d. Un nom d'animal : ....

e. Un verbe à l'infinitif : ....

6 ⭐⭐⭐ ✏ **Écris deux questions qui contiennent le plus de mots possible avec le son [k] pour faire deviner des mots à tes camarades.**

Qu'est-ce qui ....

....

....

....

J'écris *m* devant *m, b, p*

1 ★ **Complète les mots avec *n* ou *m*.**

a. une bo……be

c. mai……tena……t

e. le pri……te……ps

b. to……ber

d. une te……te

f. e……mener

2 ★ **Barre les mots qui ne sont pas écrits correctement.**

a. un champ   un chanp

c. chamter   chanter

b. une momtagne   une montagne

d. une lampe   une lanpe

3 ★ **Écris la syllabe qui manque.**

a. Le peintre est ………bé de son échelle.

c. Cet exercice est ………possible !

b. Farid fait de la ………che à voile.

d. Le voyageur est ………té dans le train.

4 ★★ **Trouve la réponse aux devinettes suivantes, avec des mots qui contiennent les sons [ã], [ɔ̃] ou [ɛ̃].**

a. C'est la femme de mon oncle. → ……………………………………

b. C'est ce qui est composé de chiffres. 21 en est un, par exemple. → ……………………

c. C'est un verbe qui signifie « envelopper un cadeau ». → ……………………

d. C'est le contraire de la vérité. → ……………………………………

5 ★★ **Écris tous les mois de l'année qui contiennent les sons [ã] ou [ɛ̃].**

……………………………………………………

……………………………………………………

6 ★★ **Ajoute au moins un mot à chaque liste.**

a. une ambulance – une lampe – ……………………………………

b. un pont – un rond – ……………………………………

c. une timbale – imprimer – ……………………………………

d. une ombre – tromper – ……………………………………

7 ★★ **Écris le nom de trois instruments de musique contenant les sons [ã], [ɔ̃] ou [ɛ̃].**

……………………………………………………

Je distingue des homophones

1 ⭐ **Souligne de la même couleur les homophones. Utilise trois couleurs différentes.**

Je suis allé à la mer avec mon père, ma mère et ma tante. Nous avons planté la tente et, avant de me jeter à l'eau, j'ai bien rangé mes affaires, car je perds toujours tout !

2 ⭐ **Barre la mauvaise réponse, puis souligne les indices qui t'ont permis de trouver la bonne réponse.**

a. J'ai une **ampoule** au pied. → Il s'agit de l'ampoule qui éclaire   la blessure.

b. Ce **pain** n'est pas assez cuit. → Il s'agit de l'arbre   ce que fabrique le boulanger.

c. Ma **mère** est très gentille. → Je parle de l'étendue d'eau salée   ma maman.

3 ⭐⭐ **Souligne les homophones, puis recopie-les dans le tableau.**

a. Le coureur a franchi la ligne d'arrivée. Il va arriver le premier.

b. Les enfants courent dans la cour de l'école.

c. Tu vas te faire mal avec cette barre de fer !

d. Je compte sur vous pour bien écouter le conte !

Noms	Verbes
....	....
....	....
....	....

4 ⭐⭐⭐ **Complète les phrases avec des homophones. Tu peux utiliser le dictionnaire.**

a. .... viendras-tu me voir ? / Il a marqué un but contre son ....

b. Le chauffeur du........................ est en retard. / Il est deux heures moins le ....

5 ⭐⭐⭐ ✎ **Écris deux phrases avec les mots suivants :** *la boue – le bout – la fin – avoir faim*.

....

....

....

....

J'identifie les homophones
as/a/à et es/est/et

1 ★ **Souligne le verbe ou l'auxiliaire *avoir* dans les phrases.**

a. Paolo a emmené son frère à la piscine.　　**c.** As-tu donné les figues à la voisine ?

b. À la maison, il y aura tes cousins.　　**d.** Vous avez parlé à la maitresse.

2 ★ **Souligne le verbe ou l'auxiliaire *être* dans les phrases.**

a. Tu es venu avec ton père et ta mère.　　**c.** Vous étiez très en forme et reposés.

b. Il a mangé et il est allé se coucher.　　**d.** Aïcha est en primaire et son amie aussi.

3 ★★ **Transforme ces phrases en mettant les verbes au présent.**

a. Karim avait mal à la tête. → ....

b. Lou était heureuse. → ....

c. Tu seras la plus jolie ! → ....

d. Tu avais très faim ! → ....

4 ★★ **Conjugue les verbes entre parenthèses au présent.**

a. Il (*être*) .... tard. Il (*être*) .... fatigué.

b. Tu (*avoir*) .... raison, le bébé (*avoir*) .... les paupières lourdes.

c. Tu (*être*) .... prêt à rentrer ?

5 ★★ **Complète par *a*, *as*, *à*, *es*, *est* ou *et*, puis relie les mots à leur classe grammaticale.**

a. Je vais acheter du sirop [............] des cachets pour la toux car ma sœur [............] malade.

conjonction de coordination　　préposition　　verbe conjugué

b. Tu [............] de la chance d'être en vacances [............] la mer !

6 ★★★ ✎ **Écris une phrase en utilisant chacun des mots suivants : *a – à – est – et*.**

....

....

....

....

J'identifie les homophones on/ont et son/sont

1 ⭐ **Encadre le verbe ou l'auxiliaire *avoir*.**

Les élèves de l'école ont une compétition de football. Le maitre a donné les consignes :
on ne court pas et les élèves ont le devoir de bien écouter !

2 ⭐ **Encadre le verbe ou l'auxiliaire *être*.**

Aujourd'hui, les élèves sont partis visiter le port de La Rochelle. La maitresse a pris
son appareil photo. Les élèves sont chargés de prendre des notes.

3 ⭐⭐ **Réécris les phrases en mettant les sujets au pluriel.**

a. Le tigre a des rayures. → ....

b. La girafe est immense. → ....

c. Son lapin en peluche est sale. → ....

4 ⭐⭐ **Transforme ces phrases en mettant les verbes au présent.**

a. Les portes étaient ouvertes. → ....

b. Maya et Ali auront peur de l'orage. → ....

c. Mes parents seront fatigués. → ....

d. Mes frères étaient en retard. → ....

5 ⭐⭐ **Complète par *on*, *ont*, *son* ou *sont*, puis relie ces mots à leur classe grammaticale.**

a. [............] ne doit pas crier à l'hôpital car les malades [............] besoin de se reposer.

| pronom personnel | verbe conjugué | déterminant |

b. Monsieur Badou appelle [............] fils pour manger, car les invités [............] arrivés.

6 ⭐⭐⭐ ✏ **Écris une phrase en utilisant chacun des mots suivants : *on – ont – son – sont*.**

....

....

....

....

Je forme le féminin des noms

1 ⭐ **Entoure ce qui change dans le nom entre le féminin et le masculin.**

a. un marié / une mariée   **b.** un instituteur / une institutrice   **c.** un enfant / une enfant

2 ⭐ **Souligne les noms et écris en dessous « F » si c'est un nom féminin ou « M » si c'est un nom masculin.**

Le singe est un animal très intelligent. Il vit dans la forêt et mange des fruits, des fleurs

et des graines. La femelle porte le bébé dans son ventre pendant 6 à 9 mois.

3 ⭐ **Complète le tableau suivant.**

Le nom est au masculin.	Le nom est au féminin.
un père	....
....	une boulangère
un homme	....
un pharmacien	....
....	une élève

4 ⭐⭐ **Réécris les phrases en transformant les noms en gras au féminin.**

a. Le **joueur** court. → ....

b. Le **lion** rugit. → ....

c. Le **cheval** se promène. → ....

5 ⭐⭐ **Indique si on parle d'un garçon ou d'une fille ou si tu ne sais pas. Entoure les indices qui te permettent de le dire.**

a. Le paysan cultive son champ. → ....

b. Les amies jouent au ballon. → ....

c. Les violonistes préparent un concert. → ....

6 ⭐⭐ **Transforme la phrase « Il était une fermière qui allait au marché » en utilisant d'autres noms de métiers féminins.**

Il était une .... qui ....

Il était une .... qui ....

Je forme le féminin des adjectifs

1 ⋆ **Entoure ce qui change dans l'adjectif entre le féminin et le masculin.**

a. gentil / gentille   **c.** méchant / méchante   **e.** beau / belle

b. joyeux / joyeuse   **d.** moyen / moyenne   **f.** sage / sage

2 ⋆ **Relie les adjectifs selon qu'ils portent la marque du féminin, du masculin ou qu'ils ne changent pas.**

confortable •   • féminin •   • énervée

longue •   • masculin •   • poli

puissant •   • ne change pas •   • magnifique

3 ⋆⋆ **Complète le tableau suivant.**

L'adjectif est au masculin.	L'adjectif est au féminin.
sale	....
....	molle
bon	....
....	heureuse

4 ⋆⋆ **Écris les groupes nominaux en les mettant au féminin.**

a. un joueur rapide → ....

b. un garçon appliqué → ....

c. un cavalier léger → ....

d. un gros canard → ....

5 ⋆⋆⋆ **Réécris le texte en ajoutant un adjectif aux noms en gras.**

Anissa découvrit un **château**. Ses **tours** dominaient la campagne. Ses **pierres** étincelaient au soleil. Anissa s'arrêta devant la **porte**.

....

....

....

Je forme le pluriel des noms

❶ ⭐ **Entoure en bleu les noms au singulier et en rouge les noms au pluriel.
Attention, certains noms peuvent être entourés avec les deux couleurs !**

animaux   fleurs   lunette   nez   travail   château   hiboux

souris   journaux   fourchettes   trous   voiture   fruits   prix

❷ ⭐ **Entoure l'intrus dans chaque liste et explique ton choix.**

a. des trous – des poux – des choux : ....

b. des amis – des souris – des maris : ....

c. les travaux – les chameaux – les bateaux : ....

❸ ⭐⭐ **Écris les noms au singulier ou au pluriel selon les cas.**

a. une pierre → ....   **d.** le bocal → ....

b. un cheval → ....   **e.** des abricots → ....

c. des niveaux → ....   **f.** le gaz → ....

❹ ⭐⭐⭐ **Transforme le texte en mettant les noms en gras au pluriel.**

Sur le marché, Mila achète un **clou** de girofle, un **citron**, un **chou** et un **journal**. Elle demande le **prix** au marchand. Gourmande, elle croque dans un **abricot** et jette le **noyau**.

....

....

....

❺ ⭐⭐⭐ **Fais la liste des cris des animaux que tu connais en utilisant des noms au pluriel comme dans l'exemple.**

Exemple : Les chats miaulent.

....

....

....

....

Je forme le pluriel des adjectifs

1 ✫ **Entoure en bleu les adjectifs au singulier et en rouge les adjectifs au pluriel. Attention, certains adjectifs peuvent être entourés avec les deux couleurs !**

faciles   peureux   solide   français   marocains   sombre   originaux

2 ✫ **Relie les adjectifs aux noms avec lesquels ils s'accordent.**

calmes •   • superbes

fabuleux •   • des animaux •   • roux

sauvage •   • un animal •   • grand

3 ✫✫ **Complète le tableau en mettant les groupes nominaux au singulier ou au pluriel.**

Groupes nominaux au singulier	Groupes nominaux au pluriel
un docteur efficace	....
....	des tissus doux
un homme loyal	....
....	des longues promenades
un bel été	....

4 ✫✫✫ **Réécris le texte en ajoutant un adjectif à chaque nom en gras.**

Pour aller chez Abdel, tu dois suivre les **panneaux**. Après les **maisons**, tu tournes à droite. Quand tu verras des **arbres**, tu tourneras à gauche. Tu verras les **volets** de sa maison.

....

....

....

5 ✫✫✫ ✎ **Décris la maison de tes rêves en utilisant les noms suivants auxquels tu ajouteras un adjectif :** *la porte – les volets – les fenêtres – les murs.*

....

....

....

....

J'accorde le déterminant, le nom et l'adjectif

1 ☆ **Fais des croix dans le tableau pour indiquer le genre et le nombre de chaque groupe nominal. Attention, il y a un piège !**

	Masculin	Féminin	Singulier	Pluriel
une brave femme				
les beaux jours				
un film captivant				
des élèves dociles				

2 ☆ **Colorie les cases qui conviennent pour écrire une phrase correcte.**

a.

Les	chevaux	noires	galopent	chez	les	plaine	désertes.
Le	jument	noirs	galope	dans	le	plaines	déserte.

b.

Mathieu et Clément	sont	mes	meilleurs	amies.
Aïcha et Léa	sommes	une	meilleures	ami.

3 ☆☆ **Complète le tableau en transformant le groupe nominal comme demandé.**

Masculin singulier	Masculin pluriel	Féminin singulier	Féminin pluriel
un gros chat	....	....	....
....	....	une belle fille	....
....	des élèves joyeux	....	....

4 ☆☆☆ **Réécris le texte en mettant les groupes nominaux en gras au pluriel.**

Monsieur Basri a **un jardin magnifique**. On peut y voir **un rosier rouge**, un jasmin blanc et **un chêne majestueux**.

....

....

5 ☆☆☆ 🖍 **Imagine un monstre incroyable et décris-le en utilisant cinq adjectifs.**

....

....

....

J'accorde le verbe avec son sujet

1 ★ **Souligne le sujet et encadre le verbe de chaque phrase.**

La médina est la partie ancienne d'une ville arabe. Des remparts font le tour de la médina.
À l'intérieur, on trouve des souks. Les souks sont des marchés traditionnels.
Les commerçants vendent des fruits, des épices, des étoffes… Les passants se promènent.

2 ★ **Barre les verbes qui ne conviennent pas.**

a. Le facteur **dépose** / **déposes** / **déposent** le courrier dans la boite aux lettres.

b. Le soir, les musiciens **joue** / **joues** / **jouent** du tambour et de la guitare sur la place.

c. Pour être en forme, tu **mange** / **manges** / **mangent** trois fruits et légumes par jour.

d. Arthur et Yasmine **regarde** / **regardes** / **regardent** passer les bateaux.

3 ★★ **Complète les phrases suivantes avec un verbe de ton choix.**

a. Au Moyen Âge, les seigneurs .... dans des châteaux forts.

b. Au garage, le mécanicien .... la voiture en panne.

c. Pour la fête de ce soir, Manuel et Fanny .... un gâteau.

d. Quel désordre ! Tu .... ta chambre avant de partir !

4 ★★★ **Réécris le texte en mettant les sujets soulignés au pluriel.**

La voiture s'avance jusqu'au feu. Le policier siffle ! La voiture s'arrête et il examine
les papiers. Il vérifie que tout va bien. Puis la voiture repart.

....

....

....

5 ★★★ ✎ **Explique en une phrase ce que font les personnes suivantes :**
la boulangère – les médecins – le coiffeur – les pompiers.

....

....

....

....

Je cherche un mot
dans le dictionnaire

1 ⭐ **Indique quel mot se situe juste avant les mots suivants dans le dictionnaire.**

a. .... – pharmacie **b.** .... – wapiti **c.** .... – rotule

2 ⭐ **Indique quel mot se situe juste après les mots suivants dans le dictionnaire.**

a. gastéropode – .... **b.** assemblée – .... **c.** négliger – ....

3 ⭐ **Copie les mots de chaque série dans l'ordre alphabétique.**

a. moustique – guêpe – abeille – papillon – coccinelle

....

b. moustique – mouche – moucheron – mouton – mouette

....

4 ⭐ **Insère chaque mot en gras dans la liste en coloriant le rond qui convient.**

a. Vénus → ○ Lune ○ Mars ○ Saturne ○ Soleil ○ Terre ○

b. chronomètre → ○ chat ○ cher ○ chiffon ○ chute ○ cicatrice ○

5 ⭐⭐ **Complète le tableau en cochant la bonne case.**

Je cherche ce mot dans mon dictionnaire :	Si en ouvrant mon dictionnaire, je lis les mots repères suivants :	Je cherche dans ces pages.	Je dois avancer dans mon dictionnaire. ou →	Je dois reculer dans mon dictionnaire. ou ←
orchestre	larme – lavande			
saxophone	village – violence			
cadenas	brique – broche			
galaxie	gaine – galipette			

6 ⭐⭐⭐ **Remplace chaque nom surligné de cette comptine par le nom qui le suit dans le dictionnaire. Lis la comptine ainsi obtenue.**

Exemple : La **sauterelle** est un insecte vert. → Le **sauveteur** est un insecte vert.

L'**alouette** est sur la branche   .... est sur ....

Fais un petit **saut**   Fais un(e) petit(e) ....

l'**alouette**, l'**alouette**   ...., ...

Fais un petit **saut**   Fais un(e) petit(e) ....

l'**alouette** comme il faut.   .... comme il faut.

Je comprends les informations du dictionnaire

1 ⭐ **Cherche dans ton dictionnaire le mot** *code*. **Recopie ses différentes définitions. Souligne celle qui convient pour la phrase :**

« Pour utiliser mon téléphone, j'entre un code. »

code : ....

....

....

....

2 ⭐⭐ **Lis la définition du verbe** *grandir*.

a. Souligne en noir les phrases exemples.

b. Souligne en bleu les synonymes.

c. Souligne en rouge les mots contraires.

d. Souligne en vert la définition dans laquelle *grandir* **correspond au sens de « pousser ».**

> **grandir** **v.** (conjug. 11) **1.** Devenir plus grand. *Paul a grandi de deux centimètres en un mois.* ▮ contraire : **rapetisser. 2.** Devenir plus fort, plus intense. → **augmenter.** *Le vacarme grandissait.* ▮ contraire : **diminuer. 3.** Faire paraître plus grand. *Le microscope grandit les objets.* → **agrandir.** ▮ contraire : **réduire. — se grandir,** se rendre plus grand. *Elle se grandit en mettant des talons hauts.* ▷ Mot de la famille de **grand.**

Le Robert Junior, 2012.

3 ⭐⭐ **Relis la définition de** *grandir* **dans l'exercice 2, puis complète le tableau suivant.**

	Vrai	Faux	Je ne sais pas.
agrandir est le contraire de *grandir*.			
Ce mot a plusieurs sens.			
agrandir a deux synonymes.			
grandir est un adjectif.			

4 ⭐⭐⭐ **Réécris la définition suivante en remettant dans l'ordre ses différentes parties.**

| Grand oiseau migrateur au plumage noir et blanc, aux pattes et au long bec rouges. | n.f. | Cigogne |

| *Les cigognes font leur nid sur le toit des maisons.* | En hiver, les cigognes migrent vers l'Afrique. |

....

....

....

....

Je construis des familles de mots

1 ⭐ **Colorie de la même couleur les étiquettes des mots de la même famille. Utilise quatre couleurs différentes.**

chaud	fermer	place	coupe	coupure

fermoir	déplacer	chauffage	replacer	fermeture

couper	chaudière	découpage	emplacement

2 ⭐ **Entoure l'intrus dans chaque série.**

a. mêler – emmêler – melon – démêler – pêlemêle

b. habit – habillement – déshabiller – habitation

c. saleté – salir – sel – sale – salement

3 ⭐ **Souligne le radical de chaque nom.**

un antivol – un peureux – un parapluie – un prénom – un essoufflement – un lessivage

4 ⭐⭐ **Classe en deux colonnes les mots de la même famille. Souligne le radical des mots de chaque liste.**

embrasser – geler – bras – gelée – brasser – gel – brassage – dégeler – congeler

....	....
....	....

5 ⭐⭐ **Trouve le radical des mots de chaque liste, puis ajoute un mot de la même famille. Tu peux t'aider d'un dictionnaire.**

a. prisonnier – emprisonnement – ....

b. cache – cachottier – ....

c. animal – animalerie – ....

6 ⭐⭐⭐ ✎ **Choisis deux noms de métiers. Trouve un verbe de la même famille pour expliquer l'activité de chaque profession.**

Exemple : Le chanteur **chante** un chant très rythmé.

....

....

J'utilise des préfixes et des suffixes

1 ⭐ **Complète le tableau suivant.**

	Vrai	Faux
À partir d'un radical, je forme des mots nouveaux de la même famille.		
Le préfixe est un élément placé après le radical du mot pour former un mot nouveau.		
À partir d'un mot simple, je forme des mots nouveaux de la même famille.		
Le suffixe est un élément placé après le radical du mot pour former un mot nouveau.		

2 ⭐⭐ **Copie chaque mot en séparant le suffixe du radical par un trait. Puis écris un mot construit avec ce même radical.**

a. le rangement → .... → ....

b. le lavage → .... → ....

c. le déménagement → .... → ....

3 ⭐⭐ **Copie chaque mot en séparant le préfixe du radical par un trait. Puis écris un mot construit avec ce même radical.**

a. malchanceux → .... → ....

b. impossible → .... → ....

c. déplumé → .... → ....

4 ⭐⭐ **Classe les mots suivants dans le tableau.**

un muret – dénoyauter – méconnu – un rebondissement – couchant – un survol – un parapluie – immangeable – une orangeade

Mots avec préfixe	Mots avec suffixe	Mots avec préfixe et suffixe
....	....	....
....	....	....
....	....	....

5 ⭐⭐⭐ ✎ **Écris la définition du mot *survoler* en t'aidant de sa construction.**

....

....

J'identifie et j'utilise des synonymes

1 ⭐ **Colorie les couples de mots qui sont des synonymes.**

monter	descendre

crier	hurler

la peur	la frayeur

immense	gigantesque

2 ⭐ **Souligne dans chaque liste les verbes synonymes.**

a. se sauver – marcher – s'enfuir

b. jouer – rouler – s'amuser

c. pénétrer – entrer – sortir

d. murmurer – crier – chuchoter

3 ⭐ **Entoure dans chaque liste le nom qui n'est pas synonyme des deux autres noms.**

a. un rond – un cercle – un schéma

b. un paquet – une valise – un colis

c. un trajet – un bateau – un navire

d. un oubli – un cadeau – un présent

4 ⭐ **Souligne dans chaque liste l'adjectif synonyme de l'adjectif en gras.**

a. gelé → vieux – sale – froid – pelé

b. têtu → velu – malin – courageux – obstiné

5 ⭐⭐ **Remplace le verbe *mettre* par un synonyme : *allumer*, *introduire*, *ranger*.**

a. Ma mère **met** / .... la clé dans la serrure de la porte.

b. Tous les matins, mon frère **met** / .... la radio.

c. Les assiettes se **mettent** / .... dans le placard.

6 ⭐⭐⭐ **Réécris la lettre que Younès a écrit à ses parents pour raconter sa colonie de vacances, en évitant les répétitions du verbe *faire*.**

> Je fais la grasse matinée un jour sur deux. Je fais beaucoup d'activités : je fais du cheval, je fais les courses au marché, je fais la cuisine, je fais la vaisselle, je fais la course avec mes copains.

....

....

....

....

J'identifie et j'utilise des antonymes

1 ⭐ **Colorie les couples de mots qui sont des antonymes.**

un bateau	un navire

ouvert	fermé

vieux	âgé

la joie	la tristesse

allumer	éteindre

debout	derrière

2 ⭐ **Souligne dans chaque liste les verbes antonymes.**

a. se lever – s'éloigner – se coucher   **b.** Avance ! – Recule ! – Descends !

3 ⭐ **Souligne dans chaque liste l'adjectif antonyme de l'adjectif en gras.**

a. froid → vieux – sale – gelé – chaud   **b. autorisé** → tentant – interdit – brillant

4 ⭐⭐ **Écris l'antonyme de chaque nom.**

a. le malheur → ....   **c.** la tristesse → ....

b. la paix → ....   **d.** la propreté → ....

5 ⭐⭐ **Complète la grille avec les mots antonymes.**

L'antonyme de l'adjectif *riche*. →

L'antonyme de l'adjectif *maigre*. →

L'antonyme du verbe *perdre*. →

L'antonyme du verbe *terminer*. →

L'antonyme du nom *matin*. →

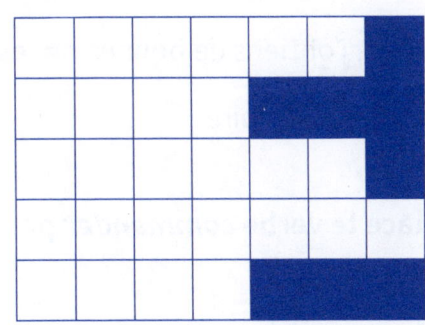

6 ⭐⭐⭐ **Réécris correctement ce règlement en utilisant le contraire des verbes soulignés.**

❶ Il est interdit de <u>se taire</u> en classe.

❷ Il faut <u>se salir</u> les mains avant de manger.

❸ On <u>s'assied</u> quand le directeur entre dans la classe.

❹ On <u>dérange</u> son casier tous les matins.

....
....
....
....
....
....
....
....

Je reconnais les différents sens d'un mot

1 ⭐ **Colorie les mots qui ont plusieurs sens. Tu peux t'aider d'un dictionnaire.**

| vase | règle | voiture | sommet | couleur |

2 ⭐ **Trouve de quel nom il s'agit.**

a. C'est le premier plat du repas. C'est par là qu'on pénètre dans une maison.

C'est ....

b. Elle éclaire la pièce. Elle est douloureuse quand elle est au pied.

C'est ....

c. Elles permettent au papillon de voler. Elles se trouvent de chaque côté du nez.

Ce sont ....

3 ⭐⭐ **Lis chaque phrase en faisant attention aux mots qui entourent le mot en gras. Quel sens donnes-tu à ce mot en gras ? Coche la bonne réponse**

a. Quand je serai grand, je paierai mes achats avec une **carte**.

❏ une carte de géographie   ❏ une carte bancaire

b. Cette année, j'obtiens de bonnes **notes**.

❏ des résultats scolaires   ❏ des notes de musique

4 ⭐⭐ **Remplace le verbe *commander* par un verbe de la liste : *donner des ordres – acheter*.**

a. Noura *(commande)* .... des livres sur Internet.

b. Avec ses amis, Ali veut toujours *(commander)* ....

5 ⭐⭐ **Relie les phrases au sens du mot en gras qui convient.**

Appuie sur le **bouton** pour allumer l'ordinateur. •   • objet cousu sur un vêtement

Ma sœur a un **bouton** sur le nez. •   • petite boule à la surface de la peau

J'ai encore perdu mon **bouton**. •   • interrupteur

6 ⭐⭐⭐ ✎ **Trouve un mot qui a des sens différents et utilise-le dans deux phrases.**

....

....

Je distingue le sens propre et le sens figuré

1 ⭐ Indique par une croix si chaque mot en gras est employé au sens propre ou au sens figuré.

	Sens propre	Sens figuré
a. J'ai mal aux **pieds** dans ces chaussures.		
b. Tu me casses les **pieds** !		
c. Mon petit frère est fiévreux, mes parents pensent qu'il **couve** une maladie.		
d. La poule **couve** ses œufs dans le poulailler.		
e. La voisine **a attrapé** la grippe.		
f. Le chat **a attrapé** une souris.		
g. La cuisine est **sombre**, allume la lumière.		
h. Cet homme a des soucis, il a l'air **sombre**.		

2 ⭐ Classe les phrases dans le tableau. Écris uniquement la lettre de la phrase.

a. La nuit **tombe** de bonne heure.

b. L'arbre est **tombé** sur la route.

c. Cet immeuble **tombe** en ruines.

d. La patineuse glisse et **tombe**.

e. Je suis **tombé** sur mon ami au marché.

f. Le judoka s'entraine à **tomber**.

Le mot en gras est utilisé au sens figuré.	Le mot en gras est utilisé au sens propre.
....	....

3 ⭐⭐ Le mot en gras est-il utilisé au sens propre ou au sens figuré ? Explique ton choix.

a. Mériem **dévore** un livre par semaine.

....

b. La lionne **dévore** l'antilope.

....

c. Ali **est plongé** dans son livre.

....

d. La nageuse **a plongé** dans les vagues.

....

4 ⭐⭐⭐ ✏ Écris deux phrases avec le mot *œuf* : l'une au sens propre, l'autre au sens figuré.

....

....

Je regroupe les mots par domaine

❶ ⭐ **Colorie l'intrus et explique ton choix.**

| l'été | l'automne | le Nouvel An | l'hiver | le printemps |

....

❷ ⭐⭐ **Observe chaque image. Donne-lui un titre, puis trouve deux mots
qui appartiennent au même domaine.**

a. **b.** **c.**

....

....

❸ ⭐⭐ **Complète chaque domaine avec deux autres mots.**

a. la compétition – le podium – les champions – .... – ....

b. naviguer – la souris – les touches – .... – ....

c. les abeilles – le pollen – butiner – .... – ....

❹ ⭐⭐ **Classe les noms suivants dans le tableau en fonction du domaine auquel
ils appartiennent. Certains mots peuvent correspondre à plusieurs domaines.**

des détritus – un boulevard – un parking – une avenue – un champ – une rue – un puits –
un enclos – des ordures – un embouteillage – des déchets – une ferme

La ville	La pollution	La campagne

Je reconnais les mots génériques

1 ⭐ **Souligne le mot générique dans chaque liste.**

a. la varicelle – un rhume – une maladie – la rougeole – une otite – la grippe

b. du poivre – de la muscade – de la cannelle – une épice – du safran – du curry

2 ⭐ **Ajoute deux mots dans chaque série et trouve le mot générique.**

a. un euro – un dollar – un franc – .... – .... → ....

b. la règle – le stylo – la colle – .... – .... → ....

3 ⭐⭐ **Entoure l'intrus dans chaque liste. Justifie ton choix.**

a. le tennis – la natation – le judo – le volley – le kimono – le football

....

b. Paris – Rabat – Maroc – Londres – Madrid

....

4 ⭐⭐ **Trouve le mot générique pour compléter chaque colonne.**

....	....	....
une villa – une case – un riad – une cabane	une carafe – une tasse – un bol – un saladier	un lustre – une applique – un lampadaire – un spot

5 ⭐⭐ **Réécris ces phrases en remplaçant les mots en gras par un nom générique.**

a. Ma mère range **ses colliers, ses bracelets, ses bagues et ses boucles d'oreilles**.

....

b. Ce restaurant propose **des fruits, des glaces, des tartes et des pâtisseries**.

....

c. Le menuisier utilise **une scie, un marteau, un tournevis et une râpe**.

....

6 ⭐⭐⭐ ✎ **Écris la définition du mot *papillon* en utilisant un mot générique.**

....

....

....

Je reconnais
les registres de langue

1 ✶ **Complète le tableau suivant.**

	Vrai	Faux
J'utilise le registre courant lorsque je suis en classe.		
Je parle de la même façon en toute occasion, l'essentiel est d'être compris.		
J'emploie le registre familier lorsque je joue avec des camarades.		
Je choisis un registre de langue en fonction des adultes à qui je parle.		

2 ✶ **Colorie en vert les phrases en langage courant, en orange celles qui sont en langage soutenu et en jaune celles qui relèvent d'un registre familier.**

Le voleur est en taule.	Je parle un peu anglais.	Faut qu'on se casse !
Le voleur est incarcéré.	Je baragouine un peu anglais.	Il faut qu'on s'en aille !
Le voleur est en prison.	Je maitrise un peu l'anglais.	Il faut que nous partions !

3 ✶✶ **Classe les mots suivants. Essaie de reconstituer les trios.**

une automobile – drôle – se hâter – ennuyeux – bouffer – s'amuser – un livre – marrant – se dépêcher – fâcheux – une voiture – manger – se divertir – un ouvrage – un bouquin – désopilant – se grouiller – se restaurer – s'éclater – une bagnole – casse-pied

Registre familier	Registre courant	Registre soutenu
....	....	....
....	....	....
....	....	....
....	....	....
....	....	....
....	....	....
....	....	....

4 ✶✶ **Réécris ces phrases en langage courant.**

a. Grouille-toi, ça fait mal. ➙ ....

b. Ce judoka est doté d'une puissante musculature. ➙ ....

c. Il a de la veine de t'avoir comme pote. ➙ ....

d. Mon tonton est flic. ➙ ....

Jeux

1 ⭐ **Colorie uniquement les mots de la même famille que le mot illustré.**

| feuilleter | le portefeuille | une fillette |

| le feu | la pâte feuilletée |

| un feuillu | le feuillage | la fenêtre |

2 ⭐ **Dans ce tableau, retrouve l'antonyme de chaque mot indiqué. Écris la lettre de la ligne ou le numéro de la colonne où il se trouve.**

	1	2	3	4	5	6	7
A	A	L	L	U	M	E	R
B	T	R	U	C	A	P	B
C	D	E	C	O	L	L	E
D	G	W	A	N	D	I	T
E	A	V	H	N	U	E	E
F	I	M	P	U	R	R	X

pur : ....   collé : ....   intelligent : ....

triste : ....   mou : ....   éteindre : ....

inconnu : ....   déplier : ....   bien : ....

3 ⭐ **Complète le cœur de la fleur en indiquant le domaine dont on parle.**

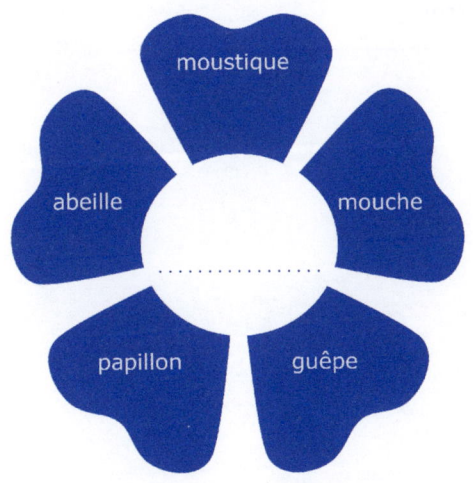

4 ⭐ **Range ces mots dans l'ordre alphabétique et tu découvriras un mot caché dans la colonne bleue.**

négatif – tourner – caprice – écharpe

1						
2						
3						
4						

5 ⭐ **Lis d'abord la comptine ci-dessous. Puis écris-en une autre sur le même modèle : la dernière partie du mot devient la première partie du mot suivant. Tu peux t'aider d'un dictionnaire.**

Trois petits chats – chapeau de paille – paillasson – somnambule – bulletin – tintamarre – marabout – bout de ficelle – selle de cheval – cheval de course – course à pied – pied-à-terre – Terre de Feu – feu follet – lait de vache – vache de ferme – ferme ta bouche.

Voici une proposition de début : chocolat – ....

....

....

▶ **CRÉDITS PHOTOGRAPHIQUES**

p. 95 : mouzes/fotolia.com.

▶ **ILLUSTRATIONS**

Illustrations intérieures : Julie Martin (p. 5, 9, 20, 32, 39, 44, 47, 80, 92, 95).

Illustration de couverture : Marie Desbons.

Illustrations extraites d'œuvres originales : Frédéric Pillot, *Promenons-nous avec Lulu dans les bois et les champs*, de Daniel Picouly et Frédéric Pillot © Magnard Jeunesse 2016 (p. 22-23).

Conception de la couverture : François Supiot

Conception de la maquette intérieure et mise en page : Linéale Production

Relecture : Marianne Stjepanovic-Pauly

Iconographie : Véronique Billiotte

Responsable d'édition : Anne Samain

Coordination éditoriale : Virginie Cartou

Édition : Virginie Chartrel

© **Éditions Magnard**, 2017 – 5, allée de la 2e DB – 75015 Paris.

ISBN : 978-2-210-50314-4

Dépôt légal : mars 2017– n° éditeur : 2017-2182

Achevé d'imprimer en février 2018 par Jouve en France